新装版

ヌメ革で作る
トートバッグ・リュック・鞄

縫い目穴入り型紙つき
徹底図解 全18作品

がなはようこ 著／有限会社 田村光商店 監修

初心者から上級者まで役に立つ革バッグの本

Introduction

牛肉と牛革は、同じ1頭の牛から得られます

肉を食べ、革を大事に使うことは、大昔の人々にとって、
生きていくための、日常の営みだったのでしょう。
牛革、豚革、羊や山羊の革、
これらは、肉として消費された動物のもたらす、
大切な副産物です。

タンニンなめしの革（ヌメ革）は、
太古の人が、動物の革を服として羽織り、
テントのように雨風を防げる
家として使用していた頃と、
基本的には変わらない手段で作られています。

ヌメ革は、不思議な素材です

水で湿らせると、自在に折り曲げたり
伸ばしたりできる。
乾くとその形をしっかり保持する。
とても創作意欲をかき立ててくれる素材です。

バッグ作りで言えば、
まるで紙クラフトのような方法で、
しっかりとした鞄を作ることができる、
夢のような素材です。

本書の特徴

革のバッグの制作を、
プロフェッショナルでなければできない工程を省き、
特別な工具は、菱目打ちやハトメ抜きと打ち具程度のものとし、
実用品として使えるサイズのバッグを作ることを目指しています。

使用するヌメ革の厚さは、ほぼ2mm。
細長い紐に使う際生じる、部位や産地の違いによる強度差は、
応用の工程で、できる限りフォローしています。

型紙の通りに裁った革でも、
立体的な組合せ、曲線の縫い合わせで、
ゆがんだ鞄にならないよう仕立てるのは、
とても大変な作業です。
解消するために、型紙に縫い目穴の表示を入れ、
穴を合わせていくことで、立体に仕上げられるようにしました。
これで、コーナー等の縫い合わせが
ずれにくくなります。

本書は、ヌメ革の著書の3冊目です。
制作の基礎から紹介していますが、
実用的なサイズの大きな作品を増やしました。
今まで、いくつもの作品を作ってきた方にも、
参考にしていただけたら嬉しいです。

Contents

ヌメ革について	006
革の購入について	008
用具と材料	010
革の店・ワークショップ	214

Chapter 1 p.012
基本の制作工程

No.001 サコッシュ	**013**
基本の工程	014
型紙	016
実物大型紙を作る	018
粗裁ち	020
型紙を写す	021
縫い目穴を開ける	022
革を裁つ（本裁ち）	024
床面を磨く	026
コバを磨く	027
接着する	028
糸の準備	030
縫い始めと縫い終わりの位置	031
馬を使う	031
革を縫う	032
糸を継ぐ	034
補強のための返し縫い	034
糸の始末	035
仕上げ	036

Chapter 2 p.038
応用の工程

持ち手と肩紐

長さと仕様	040
細長い革を裁つ	041
シンプルな持ち手を作る	042
2つ折りの持ち手を作る	044
肩紐・自転車ベルト型紙	045
肩紐上部を作る	046
肩紐下部＝バックルベルトを作る	047
穴開け、マグネとギボシをつける	048
底鋲をつける	049
ファスナーをつける	050
立体的な貼り合わせ	052
縫い代を被せて縫う	053
本体型紙の変形	054
ポケットの追加	056
ファスナー開閉のベロ	058
肩紐の長さを足す	058
3枚以上を一度に縫う	058
縫い目穴が合わなくなったら	059
オイルレザーを使う	060

Chapter 3 p.062
いろいろなバッグの作り方

No.002
シンプル
クラッチバッグ
p.064

No.007
シンプル
トートバッグ
p.102

No.003
クラッチバッグ
ファスナーつき
p.068

No.008
馬蹄形
トートバッグ
p.114

No.004
舟形
ボディバッグ
p.076

No.005
角形
ボディバッグ
p.084

No.006
カメラバッグ
p.092

No.009
バケツ形
トートバッグ
p.124

No.010
メッセンジャー
バッグ
p.132

No.011
円形
ハンドバッグ
p.142

No.015
ブリーフケース
立体ポケット
p.172

No.012
小さな
ハンドバッグ
p.152

No.016
リュック
トートバッグタイプ
p.182

No.013
フラット
ブリーフケース
p.158

No.017
リュック
ランドセルタイプ
p.192

No.014
ブリーフケース
フラットポケット
p.164

No.018
リュック
ブリーフケース
タイプ
p.202

About Tanned Leather
ヌメ革について

動物の「皮」は、肉と同様に自然のままでは腐敗してしまいます。
油を抜き、腐らないように加工（なめし）したものを「革」と呼びます。
なめし方の代表的な方法には、タンニンなめしとクロームなめしがあります。

【ヌメ革】

タンニンは、紅茶にも含まれている自然物です。
タンニンなめしは、樹木の成分を用いてなめす方法で、
とても古くからあるなめし方。
原始的であるが故に、手間のかかるなめし方でもあります。
この、タンニンなめしした革のことをヌメ革と言います。
タンニンなめしした革は使い古されて廃棄されたとしても、
自然界に生きる動物達と同様に、おだやかに土に還っていきます。

クロームなめしは、化学的に作られた薬剤でなめします。
なめしの工程がタンニンなめしより少なく、
工業的にできることから、商品として流通している革製品の
ほとんどは、クロームなめしの革に着色や表面加工をしたものです。

狭い意味で、タンニンなめしをしただけの、加工を施していない
革のみを、ヌメ革という場合もあります。

【タンロー】

ヌメ革の中でも、表面加工をしていない生成りの、
油分が少ない加工のしやすい革です。
革クラフトで最もポピュラーで、
淡いピンクがかったクリーム色。
丈夫で張りがある硬い革です。

表面にキズがつきやすく、水分を吸いやすく、
湿った状態では伸びやすい、
酸化によって色が変わりやすいという、
革本来の性質を強く持っています。
逆に言うと、成形や加工がしやすく、
使ううちになじんで柔らかくなり、
つやが増し、飴色に変わっていく、
革を使い込む面白さのある革です。

なめし後に表面加工をしていないので、怪我や虫さされの跡が
はっきりと残っていたり、シワや血管の跡がある部位もあります。
これらは全て動物の革であることの証です。
あまりキズを気にせず、ダメージのあるところも含めて、
革で制作すること、革のバッグや雑貨を使うことを楽しんでください。

日々使い込むことによる摩擦や革の疲労は
もちろん、日光による日焼けや革に塗った
オイルや皮脂の酸化によって、
飴色に変化していきます。

新しい物

経年変化した物

【革の部分の名称】

革の表側を「銀面」、裏側を「床面」、切り口の部分を「コバ」と呼びます。

銀面は、圧を加えるとかんたんにへこんでしまいます。
爪を立てただけでも跡が残ります。

油分の少ない革なので、作品が出来上がったら、
保革クリーム等で油分を補って長持ちさせてください。

【革の厚さ】

購入する際に指定できます。
本書では全て約2mmの厚さの革で製作しています。

革の厚さを調整するために取り除いた、床面のみの
(銀面を剥がした)革を床革と呼びます。
バッグに部分的に厚さを増したり
補強したりする際に使います。
安価で、面白い素材なので、床革を使用して
作品を制作することもあります。

【日本で手に入れやすい産地の革】

それぞれ個性的な革です。なめしの工程の違い、タンニン等の薬剤の性格の違い、牛の種類など、いろいろな要素の違いがあり、
革の特徴が異なります。大きなバッグを制作するときは特に、手で触り、販売者のアドバイスを受けながら、革を選択してください。
購入時にはこのような色ですが、経年変化でそれぞれ美しい飴色に変わります。

丁寧になめされた、床面がしっかりして
いる、丈夫な革です。持ち手やベルトは、
革厚さえ適当であれば、1枚仕立てで
ステッチなしで大丈夫。かっちりとした
鞄制作に適しています。

革クラフトで、最もなじみの深い革です。
性格は、フランスと栃木の中間。
制作がしやすく、手に入りやすい
革です。

他と比べ、しなやか(床面が柔らか)な
革です。丈夫な革ですが、バッグを作ると
厚手の物でも手になじむ優しい仕上がり
になります。

栃木ヌメ革

姫路ヌメ革

フランスヌメ革

How To Buy
革の購入について

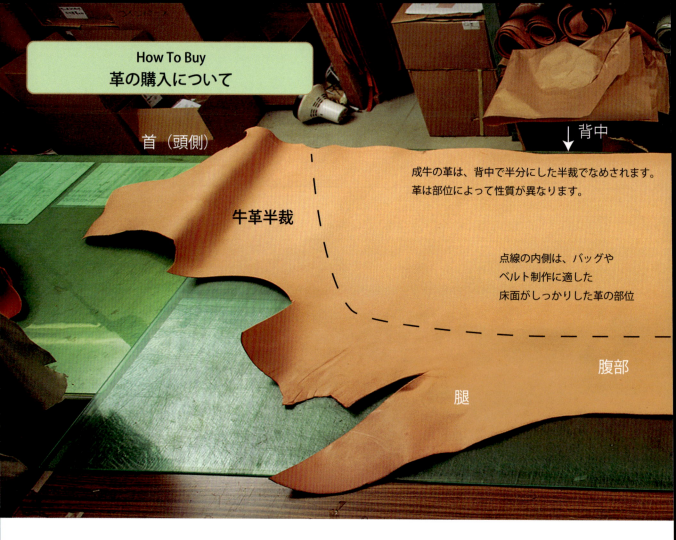

首（頭側）

↓背中

牛革半裁

成牛の革は、背中で半分にした半裁でなめされます。
革は部位によって性質が異なります。

点線の内側は、バッグや
ベルト制作に適した
床面がしっかりした革の部位

腹部

腿

半裁の革は、四角くきれいに裁断された革と比べ割安です。癖のある部位、焼印や怪我といったダメージ部分はありますが、物を作る、自由に作れる喜びを感じさせてくれると思います。

【バッグ制作に適さない箇所】

日焼による色ムラのある箇所
エイジング等で目立たなくなるが
極端なものは避ける

★これらは、形のしっかりした物には
適しませんが、面白い部位です。
バッグを作っても、歪んだりはしますが、
丈夫さは同じです。面白いものが作れます。

関節部分
関節の付近は、自由に動かせるように
伸縮性があり伸びやすく、繊維の方向に
癖があります。バッグの形がゆがんで
しまうので、1枚仕立てでは使わない方が
よい箇所です。

床面が粗い箇所
特に、腹部の革は、柔らかく、
やや白っぽく、フワフワして
いる場合もあります。
張りがなく、作品にシワがでやすいので
しっかりとしたバッグを
作りたい場合には向きません。

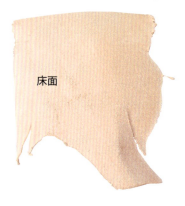

床面

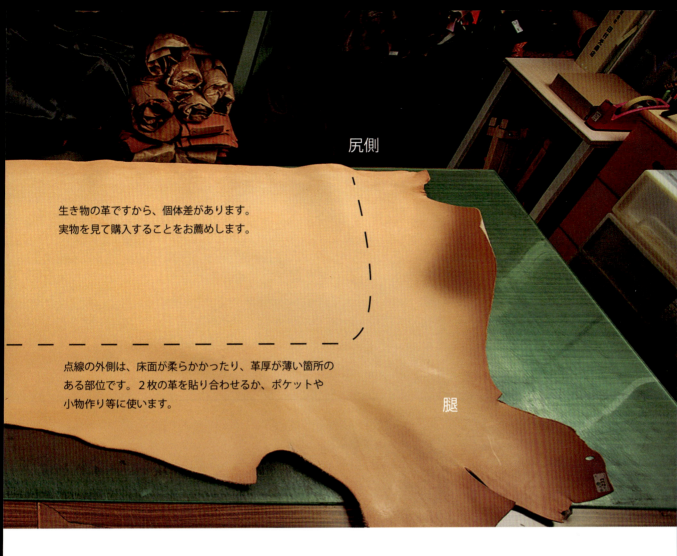

尻側

生き物の革ですから、個体差があります。
実物を見て購入することをお薦めします。

点線の外側は、床面が柔らかかったり、革厚が薄い箇所の
ある部位です。2枚の革を貼り合わせるか、ポケットや
小物作り等に使います。

腿

【端革を購入する際は】

原寸の型紙を必要な枚数分持参して革に並べ、
大きさが足りるか確認します。
どのように型紙を配置してパーツを切り出すかは、
とても重要なことです。ダメージや伸びやすい箇所が
ある場合は、うまく避けて使えるか、
あるいは利用可能なものかチェックしましょう。

使いにくい部位が含まれていることもあるので、
革を裁つ際の余裕や、革のゆがみ等を考慮して、
大きめのものを購入することを
お勧めします。

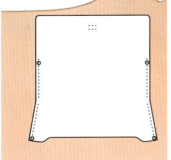

【革のサイズの単位】

動物の革ですから、いろいろな形をしています。
大きさをデシ（ds）という単位で表現します。
10cm角が1デシ。
革の矩形の中で10cm角がいくつはまるかで
〇〇デシの革という言い方をします。

価格については、
特に半裁の場合、1ds＝〇〇円の革でも
有効に使える範囲やダメージの有無によっては
単純計算での算出にはなりません。

1 ds
10×10cm

Leather Crafting Tools
用具と材料

【型紙を作る】
スティックのり

【革に型紙を貼る】
ドラフティングテープ
はがしやすい、
仮どめテープです

【革を裁つ】

ビニール板　厚手のビニール製のマットです。
革を裁つ際の下敷きにします

大型のカッターナイフ
革を裁つのに使います

【型紙を写す】
目打ち　革に型紙を写したり、手縫いの際に
縫いやすいように、縫い目穴を合わせるのに使います

【床面やコバを磨く】

床面仕上げ剤
床面やコバを磨くときに塗ります。
※本書では「トコノール」と表記
しています

ガラス板
床面仕上げ剤を塗った
面を磨くのに使います

ヘリ磨き・コバスリッカー
床面仕上げ剤を塗った面を
磨くのに使います。※本書では
「プレススリッカー」と表記
しています

ドレッサー
コバを整えるのに使う
ヤスリです

【接着する】

※無色透明ですが、図解中ではボンドを
塗った箇所を黄色で表示しています

Gクリヤーボンド
接着したい箇所の両面に塗り、
数分乾かしてから、圧を加えて
密着させるタイプです。
革の接着や革とファスナーの
接着に使います

木工用ボンド
手縫いの縫い終わりに
縫い目穴をふさぐのに
使います
（p.035）

2mm幅の両面テープ
接着力はボンドと比べ劣りますが、
不要な部分を汚すことなく
簡単に接着できます
（p.067）

クリップ
接着箇所を留めて
おくのに便利。
革を挟んで、作品に傷を
つけにくくしておきます

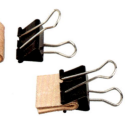

【縫い目穴を開ける】

菱目打ち

本書では厚さ約2mmの革を使い、
菱目打ちは5mmピッチ（穴の間隔）の
ものを使用します。
型紙の縫い目穴も5mm菱目打ち用です。
違うサイズの菱目打ちを使うと、縫い目穴の
間隔が合わなくなるので気をつけてください

4本刃は直線の縫い目穴を開けるのに使います。
2本刃は曲線の縫い目穴を開けたり、
縫い代のスジを入れるのに使います

刃幅をほぼ実物大で
掲載しています。
軸の形はいろいろな
ものがあります

5mm　5mm

ハトメ抜き
丸穴を
開けるのに
使います。
いろいろな
サイズが
あります

菱キリ
単独の
縫い目穴を
開けるのに
使います

木槌
菱目打ち、ハトメ抜きを
打つのに使います

ゴム板
菱目打ち等を打つ際に
下に敷きます

【縫う】

エスコード（中細）
麻製の手縫糸、ロウを塗って使います。

プロワックス
手縫用のロウ

革用の手縫い針
先端はやや丸みを
おびています

ダブルロウ引き糸
ポリエステル製の
ロウ引き済みの糸。
色糸もあります

【仕上げ】

保革クリーム
ヌメ革用の保護クリームです。
キズや汚れをつきにくくし、
革に柔軟性を与えます

011

Chapter 1
Leathercraft Basics

基本の制作工程

この章では、基本工程をサコッシュの制作で解説します

Tanned Leather Bag　No.001
サコッシュ

2mm厚のヌメ革を使用します

Detail

Size （概算）
24cm
B5
28cm

175cm

基本の工程

1 型紙を作る　p.016

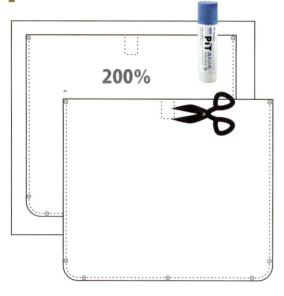

本書の型紙を拡大して、実物大型紙を作ります。

2 粗裁ち。型紙を写す　p.020

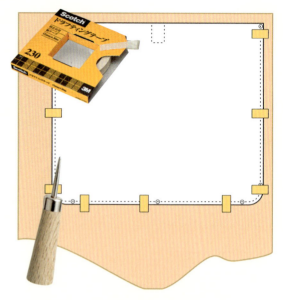

革に型紙を貼り、目打ちで型紙を写します

5 床面やコバを磨く　p.026

革の床面とコバに、床面仕上げ剤を塗り、磨きます

6 パーツを、接着して縫う　p.028

本体にパーツを、縫い目穴を合わせて接着します。
パーツと本体を縫い合わせます

3 縫い目穴を開ける　p.022

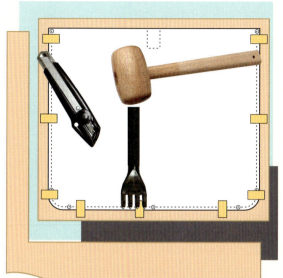

作業がしやすいように、革を型紙のやや外側で切り抜き、型紙の上から、菱目打ちで縫い目の穴を入れます

4 革を裁つ（本裁ち）　p.024

革を型紙の通りに切り抜きます

7 本体を、接着して縫う　p.029

パーツをつけ終わったら、本体の縫い代を、縫い目穴を合わせて接着し、本体を縫い合わせます

8 仕上げ　p.036

縫い合わせた箇所のコバを整え、革を湿らせて伸ばし、立体感を出し、保革クリームを塗ります

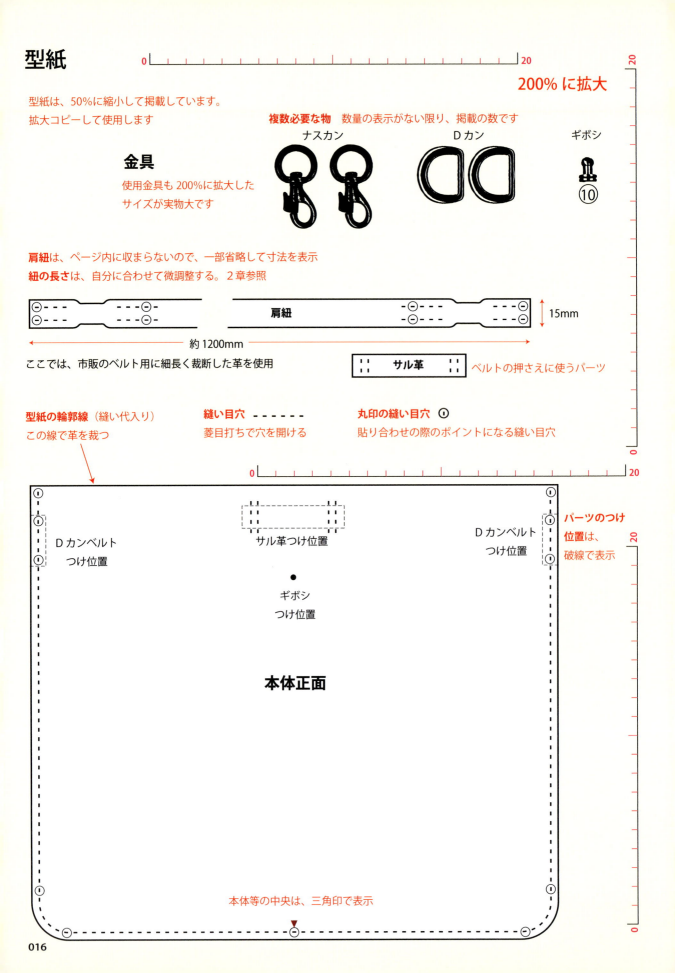

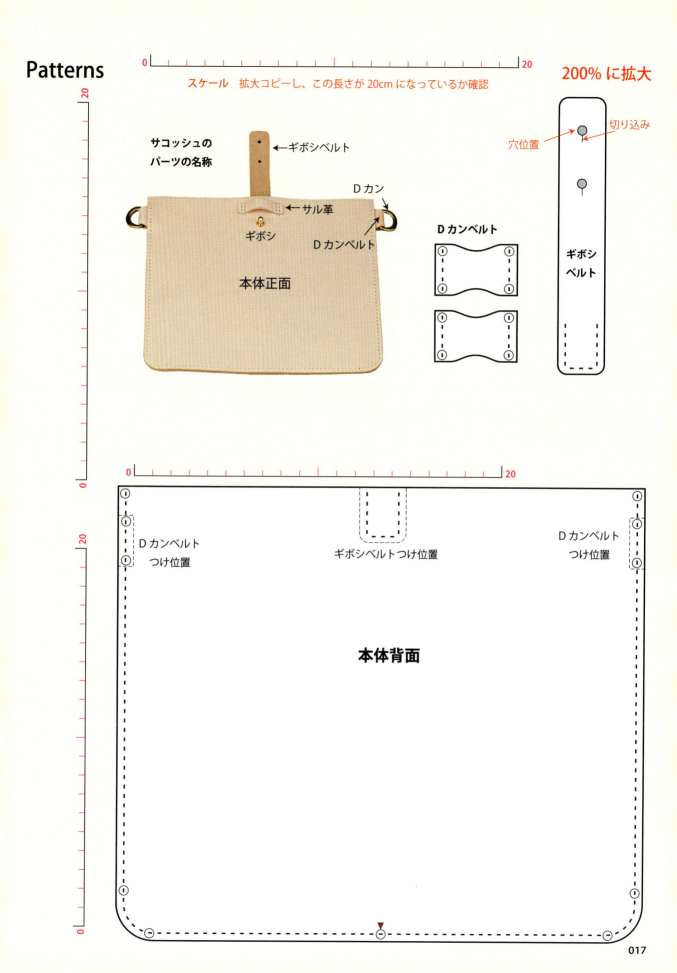

実物大型紙を作る

本書では、極力多くのデザインを掲載するために、型紙は50%に縮小して掲載しています。

【型紙を拡大コピーする】

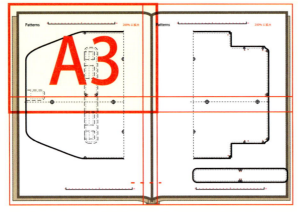

本の見開きページ
A3のコピー用紙
4枚の拡大コピーをする

本のノドをしっかりと開いて、コピーする。
ノドが浮いていると図面がゆがんでしまいます

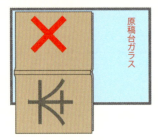

本を原稿台に縦にのせると型紙が正しくコピーできません。気をつけてください

コピー機によっては、水平と垂直の寸法に誤差が生じる場合があります。
本書では縫い目穴を合わせていくので、制作段階で、微妙な誤差は調整できますが、誤差があると縫いにくくなります。
気になる場合は、別の店舗のコピー機を使ってみてくださいください。
接着の際、型紙の中央（▲印）から合わせていくと、多少改善できます

1 本の左端をセット位置に合わせてコピーする

2 本を横に移動し、背をセット位置に合わせてコピーする

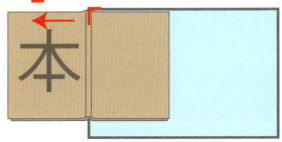

3 本の天地を逆さにして、コピーする

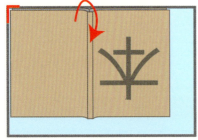

4 本を横に移動し、背をセット位置に合わせてコピーする

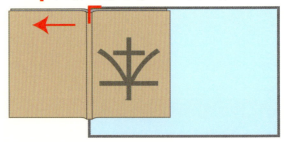

【型紙を模造紙に貼る】

模造紙（もぞうし）は、大判（788×1091mmの四六判）で、コピー用紙より厚手で丈夫な紙です。文房具店で購入できます

1 型紙のコピーを模造紙に貼る

2 輪郭線で切り抜く

型紙完成

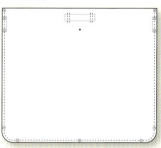

【大きな型紙の場合】

1ページに収まらない大きな型紙は、それぞれ拡大コピーしやすいようにA3サイズに入るように分けてあります

1 拡大コピーする

2 印の箇所で切る

貼り合わせの目印
（中央の表示ではありません）

3 模造紙上で、印を合わせて貼り、輪郭線で切り抜いて、型紙にする

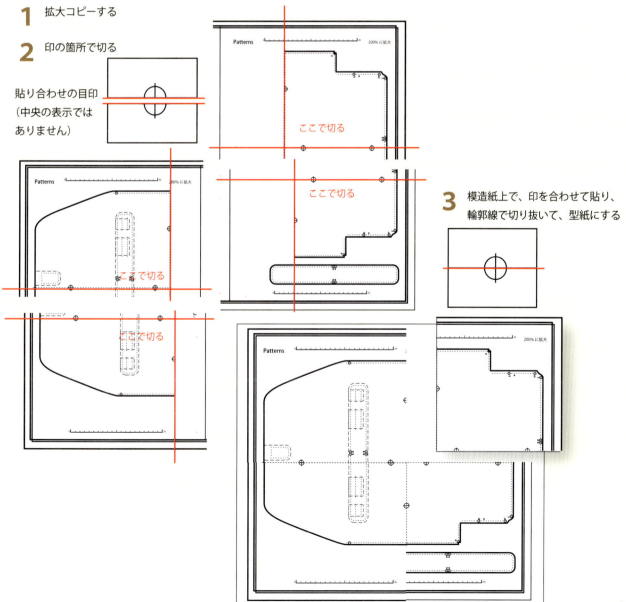

019

粗裁ち　大きい革は、作業がしやすいように粗く裁っておきます

【革を整える】

革がゆがんでいる場合は、水を含ませて絞ったスポンジで
銀面と床面を湿らせ、平らになるようになじませる。完全に乾いてから、型紙を乗せる

【配置】
型紙を革の銀面にドラフティングテープ（製図等に使う貼ってはがせるテープ）で貼ります。
必要枚数分の型紙を切っておくと、無駄がなく配置しやすい
★細長いパーツは、革に直に製図して裁つ→p.041

型紙を革の銀面に
ドラフティングテープで貼る

テープを床面に回してとめる

小さなパーツは、まとめて貼っておく。
穴開けがしにくいので、切り離さない

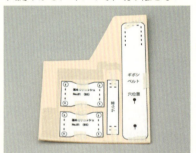

【裁つ】

革を、型紙よりやや大きめに粗く裁つ。

ビニール版を敷き、
必ず革の上を押さえて、カッターナイフで断つ。
紙がずれやすいので、型紙の上を押さえない。
（p.024 を参照して切ってください。）
裁ち終わったら、
切り口側の革のフチにも
ドラフティングテープを
回してしっかりとめる

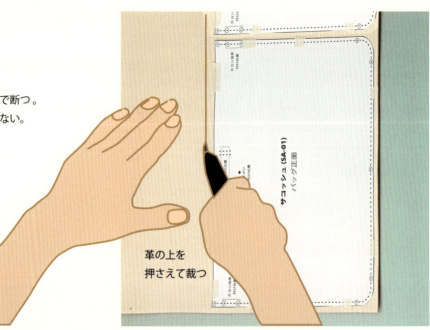

革の上を
押さえて裁つ

型紙を写す　型紙の輪郭線を目打ちで銀面に写します

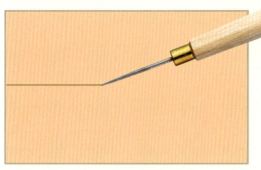

銀面に傷を付けないように、
目打ちは刃を立てず、斜めに寝かせて
スジを引く

1
直線部分は、定規を型紙側に合わせて
スジを引く。
テープの上は目打ちでテープが
切れてしまうので、スジは入れない。
縫い目穴を開けた後、
テープをはがしてからスジをつなげる

2
曲線は、型紙を押さえながら、
目打ちの刃を型紙に沿わせて
ゆがまないようにスジを引く

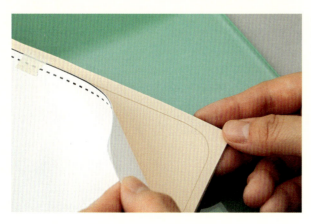

3
スジの見えにくい箇所がないか確認する

縫い目穴を開ける

【本書の型紙の縫い目穴】実物大

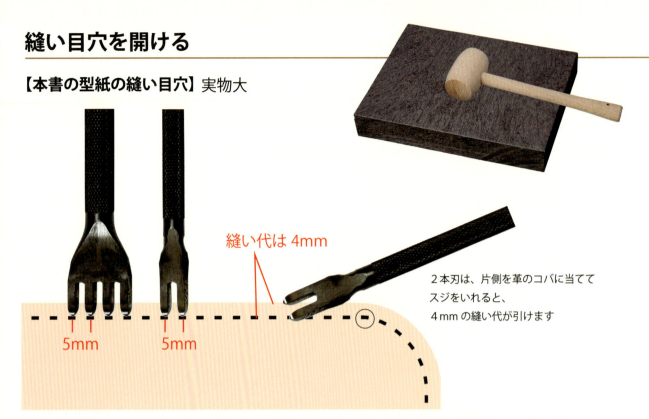

縫い代は 4mm

2本刃は、片側を革のコバに当てて
スジをいれると、
4mm の縫い代が引けます

本書の型紙の縫い目穴は、5mmピッチの菱目打ちで開けます。型紙の、縫い合わせる箇所の穴数は合わせてあります。穴の数を変えないように注意してください。真っすぐきれいに、裏までしっかり開けるには少し練習が必要です。はじめての方は、端革で穴開けの練習をすることをお勧めします

【穴開けの基本】

縫い目の方向を、自分に対して垂直になるように、革を置いて穴を開ける

縫い目の方向が、自分に対して水平になるように革を置いて穴を開けようとすると菱目打ちが斜めになりやすい

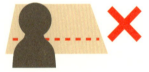

ドラフティングテープは、接着力が弱いので、型紙がずれないように気をつける。
菱目打ち等、穴開けの道具は、鋭利な刃物なので、注意して作業する

菱目打ちを垂直に立て、
木槌でたたいて穴を開けていく。
穴がしっかり裏側まで開いているか
確認する

★木槌を打つことに集中して、菱目打ちを持った手が動いてしまうことがある。
必ず刃先の位置がずれないようにしっかりと押さえ、木槌を垂直に打ち下ろす

銀面

【直線の縫い目穴】

1 4本刃を使う。型紙の穴位置に菱目打ちの刃先を合わせる。開け終わりの1目に、菱目打ちの端を合わせて開ける

2 菱目打ちを垂直に立てる

3 菱目打ちは、下の方を持ち、手が革に触れているようにすると安定するので、刃先が穴位置からずれにくい

【曲線の縫い目穴】

2本刃を使う。4本のときと同様に開け終わりの最後の1目に、菱目打ちの端を合わせて穴を開けていく

【単独の縫い目穴】

菱キリを垂直に立て、しっかり押さえて一目ずつ開ける

菱キリ

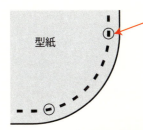

床面

【印をつける】

穴を全て開け終わったら、型紙の○で囲んである縫い目穴の箇所に目打ちを刺し、裏返して床面の縫い代に、鉛筆で軽く印をつける

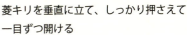

型紙　縫い合わせる際に使う印

革を裁つ（本裁ち）

ビニール板に革を乗せ、大型のカッターナイフを使って切ります。革は同程度の厚さの紙と比べると切りやすい素材ですが、伸びたりゆがみやすいので、落ち着いてゆっくりと目打ちで写した線の上を切り進めます。

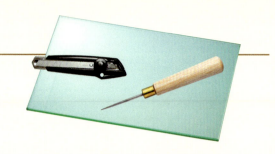

【型紙をはがす】

テープを貼った箇所は、テープをはがしながら目打ちで型紙の線を書きたす

線が見にくいようなら再度書き込む

【直線を裁つ】

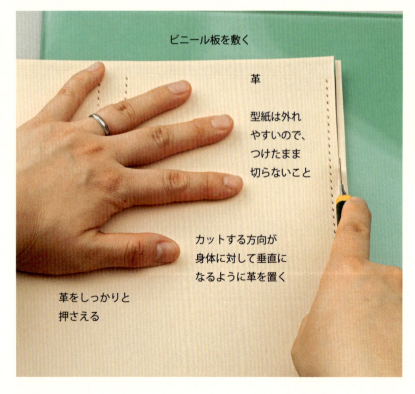

ビニール板を敷く

革

型紙は外れやすいので、つけたまま切らないこと

カットする方向が身体に対して垂直になるように革を置く

革をしっかりと押さえる

ゆっくり慎重に大型のカッターナイフで線に沿って切る。

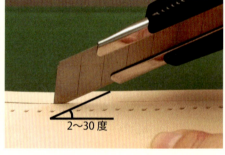

2〜30度

★カッターナイフの刃が、革に対して2〜30度の角度で入るようにカッターを寝かせて切る。
★刃先が左右に振れると、革の切り口が斜めになってしまう。厚手の革の場合は特に注意する
★カッターの刃は、よく切れるように、折って新しくしてから使う

【曲線を裁つ】

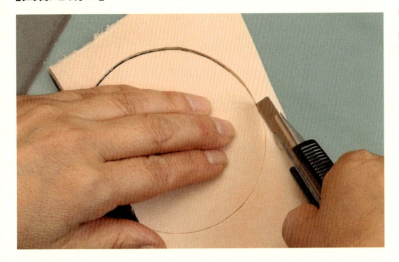

常にカットする進行方向が
身体に対して垂直になるように
革を回転させて置き直しながら
少しずつ切り進める

【角を裁つ】

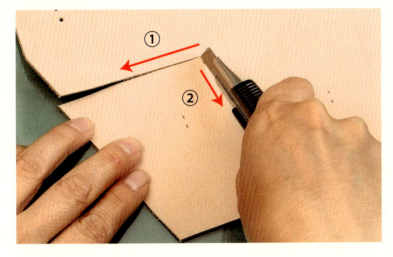

① 交差する角にしっかりと刃を入れ
　1辺を切り進める
② 再度角に戻って、
　しっかりと刃を入れもう1辺を切り進める

注意

革はすべりやすいので、
定規を当てて切らない

カッターの刃の進行方向に
指を置くと危険なので注意する

カッターを横に向けて切ると、裁ち
線がゆがんでしまうので注意する

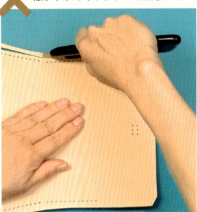

床面を磨く

革の床面は、使ううちに革の繊維が毛羽立ってパラパラと剥がれてくるので、床面仕上げ剤を塗って磨き落ち着かせます。
磨いてある面は接着剤がつきにくいので、接着する箇所は磨きません。

1
床面仕上げ剤を指に取り、
軽く床面に広げる。
フチに着くと表面に回って
汚してしまうので
フチの近くは丁寧に塗る

2
ガラス板の側面等を使って
革の端まで伸ばしていく
★縫い代は、貼り合わせるので
床面仕上げ剤を塗らない
（縫い目穴に塗っても
穴がふさがることはない）
1・2の工程を繰り返しながら
全体に塗り広げる

磨く前の床面

3
生乾きの状態（指で触ってベタつかない程度）になったら、ガラス板の側面を滑らせるようにして磨く。
こうすることで、床面が落ち着き、光沢が出てくる

磨き済み

縫い代には、
床面仕上げ剤を塗らない

026

コバを磨く コバをきれいに整えます

【磨く箇所】 赤で示した箇所を磨く

持ち手や紐、パーツは、
本体に接着する前に磨く

縫い上がると磨きにくい、バッグの入れ口は、
縫製前に磨いておく

縫い合わせる箇所は、
縫ってから磨く

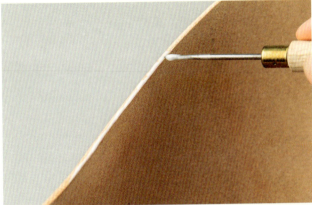

1
床面仕上げ剤を、
目打ちの先や綿棒に少量取り、
銀面につかないよう
注意しながら
コバに伸ばしていく

磨く前のコバ　磨き済みのコバ

2
生乾きの状態でコバを、
ヘリ磨きで磨く

1.5mm以下の、
薄い1枚革の場合は、
床面仕上げ剤をコバに塗ったら、
革をテーブルに置き、
布でコバの表裏両面からこすると
磨きやすい

接着する

【制作の順序】

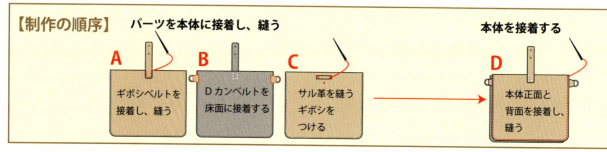

〈パーツの接着　A ギボシベルト〉

1 接着剤を塗る。銀面につかないように注意。乾かす

2 針を刺して縫い目穴を合わせる

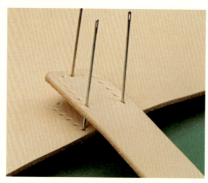

3 しっかりと押さえて密着させ、縫う

〈パーツの接着　B Dカンベルト〉

1 革を濡らして折る。縫い代に接着剤を塗り、乾かす。縫い目穴を合わせ、貼る

2 パーツと本体の縫い代に、それぞれ接着剤を塗り、乾かす。針を刺して本体とパーツの縫い目穴を合わせ、貼る

★革を折りたたむ際は、スポンジ等に水を含ませて、革を湿らせると曲げやすい

★Dカンベルトは、本体と合わせていっぺんに縫い合わせるので、この段階では接着のみ。本体の正面と背面を貼り合わせてから縫う

〈パーツの接着　C ギボシ〉

1 本体の裏面から、穴にギボシの台座側を通す

2 目打ちの先に接着剤を塗り、ギボシの本体側につける。

3 ギボシの台座と本体のネジをしっかりと締めて密着させる

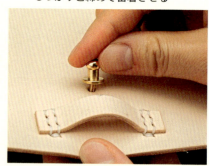

【縫い目の確認】

貼り合わせる前に、
縫い目穴の数が合っているか
確認する

【接着剤】

Gクリヤーボンドを使います。
接着したい箇所の両面に塗って、
数分乾かしてから、
圧を加えて密着させます

〈本体の接着　D〉

1 本体の正面と背面の、床面の縫い代に
接着剤をしっかり塗り、フチに向かってヘラで伸ばす

本体　床面

接着剤が銀面側に
はみ出ないよう注意する。

2 紙を挟んで本体を重ねる。印をつけた縫い目穴に針を刺し、
反対側の印の穴に針を入れ、縫い目穴を合わせる

縫い目穴を合わせる

3 曲線部分は、縫い目穴の印を縫針で合わせ、針を垂直に立て、
接着位置がゆがまないように、静かに押さえて密着させる

★Gクリヤーボンドは、両面塗りの接着剤なので
　両面にそれぞれ接着剤を塗って数分乾かし、
　間に紙を挟んでおけば接着しない。
　挟んだ紙にもつきにくい。
　紙をずらしながら、針で縫い目穴を合わせ、貼り進める
★接着後、目打ちで縫い目穴を刺し、
　穴位置を合わせて微調整しておくと縫いやすい

特に立体や、曲面の接着にはこの方法が便利。
型紙中央の▲印の箇所から合わせていくとずれにくい

針で穴位置を合わせて

挟んだ紙をずらしていく

糸の準備

【ロウ引き】革の縫製は、革が厚く摩擦が大きいので途中で糸が痩せてしまわないようロウ引きした糸を使います。

ロウ引きが必要な糸

ロウに糸端を乗せ、布を被せて押さえながら糸を引く
（3～4回繰り返す）

ロウ引き済みの糸

糸にワックス（ロウ）をたっぷりかけているので、汚れが付着しやすい。布に挟んでしごき、余分なワックスを落としておく

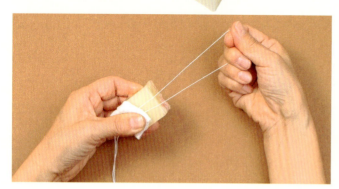

【針に糸を通す】

糸を引いて縫い締めていくので、糸がゆるまないように、針に特殊なとめ方をします。

1 針穴に糸を通す

2 糸端を持ち、ねじるようにして糸の撚りを広げ、糸のすき間に数回針を刺す

針の長さの約2倍糸を出す

3 糸先を針先と反対側に戻すようにゆっくりと引く

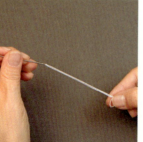

4 長い方の糸を持って引く

5 糸を整える

縫い始めと縫い終わりの位置

縫い終わりが、本体の内側やボンドがつけやすい箇所、持ち手の場合は裏面にするなど、目立たないところにあると糸の始末がしやすいので、それを考慮して縫い始めを決めます。

【小さなパーツ】

小さなパーツは1本の針で縫う

中央から縫い始め、中央に戻って内側に糸を出す

【側面を縫う袋物】

底側から縫い始めると、縫い終わりが入れ口の近くになるので、糸の始末がしやすい

【周囲を縫う袋物】

大きめのバッグは、底の中央から左右に、それぞれ刺していくと、バランスよく縫える。

縫い終わりが入れ口の近くになるので、糸の始末がしやすい

【持ち手や肩紐】

細長く、途中で糸が足りなくなりそうなものは、中央から縫い始める

ここまできたら、糸を切らずにいったん縫い終わる。

バッグ本体に縫いつける

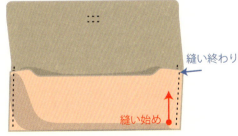

馬を使う

必ず必要なわけではありませんが、あると便利です

馬（レーシングポニー）は、縫製の際に使う道具です。革を挟んで固定できるので、両手が自由に使えて、2本針での縫製がしやすくしっかり糸を縫い締めることができます。

挟んでも傷にならない箇所を選んで留める

椅子の座面に置く

縫い進める箇所の近くを馬で固定していると縫いやすい。縫いながら、革の位置をずらしていく

革を縫う

【糸の長さ】必要な糸の長さの目安は、縫製寸法の約4倍

距離の短いものは、多少長めに

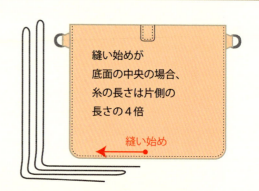

縫い始めが底面の中央の場合、糸の長さは片側の長さの4倍

縫い始め

針は両方の糸先につける

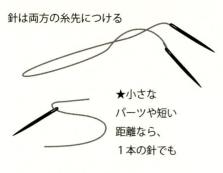

★小さなパーツや短い距離なら、1本の針でも

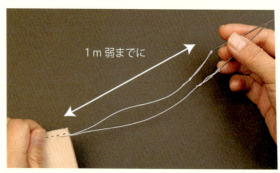

1m弱までに

左右の糸の長さが同じになるように揃える
★糸が長すぎると縫いにくいので、片側に出す糸の長さは1m弱までに

【フチの縫い始め】

1 端から数目先に針を入れる

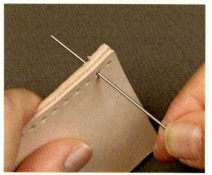

2 端の1目を2重に縫う

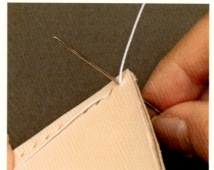

3 はじめに針を入れたところまで折り返す

革の断面

※解りやすくするため、中央から2色に色分けしています

中央から縫い始める場合も、2重に縫ってから縫い進める

バッグやポケットの入れ口は負担がかかるので、端を2重に縫っておく。縫い終わりの場合も端で2重に縫っておく

【平縫いの縫い方】

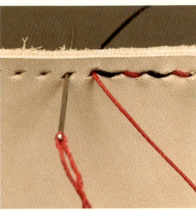

1
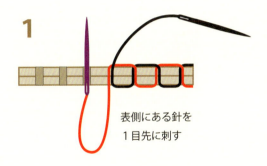

表側にある針を
1目先に刺す

2
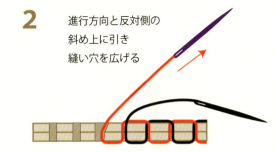

進行方向と反対側の
斜め上に引き
縫い穴を広げる

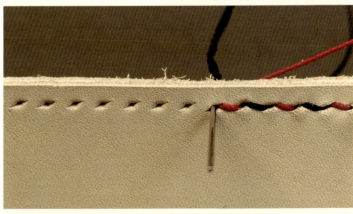

3
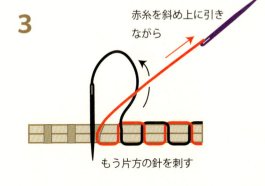

赤糸を斜め上に引き
ながら

もう片方の針を刺す

4
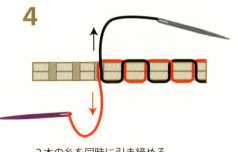

2本の糸を同時に引き締める

糸を継ぐ

1 縫い終わりで表に出た針を1目戻して、裏側に出し、結べるくらい残して糸を切る

2 次の糸を最後の縫い目と同じ穴に刺し、縫い進める

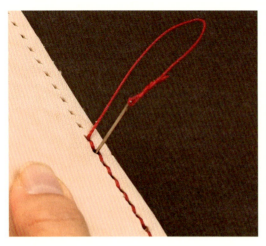
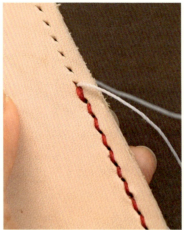
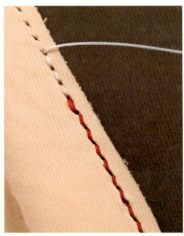

【補強のための返し縫い】

パーツをつけた箇所は、丈夫にするために2回縫っておく

1目戻って2度縫い

1目戻って2度縫い

床面の縫い目

糸の始末

【縫い合わせた袋の入れ口】

1 入れ口で、返し縫い（2度縫い）してから数目縫い戻る

2 内側に糸を出す

3 糸端ぎりぎりを切る

4 木工ボンドを、糸端の前後数目分の縫い目穴に塗る

端革か目打ちの木部等を当ててしっかり押さえておく

【平たい箇所】

1 糸端が見えてしまう箇所は、返し縫いしてから糸を切る

2 木工ボンドを糸端の前後数目分の縫い目穴に塗る

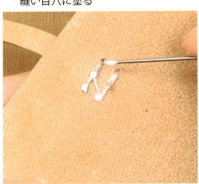

3 穴がふさがるように、端革または目打ちの木部等を当ててしっかり押さえておく

銀面の縫い目

仕上げ

【コバを揃えて磨く】

1 縫い目の上を木槌の胴で叩き、縫い目が平らになるように整える

2 やや丸みを帯びるように、少しずつドレッサーで削る。厚い部分は床面仕上げ剤を塗る、削るを数回繰り返す。

3 二枚の革を縫い合わせた箇所のコバに、目打ち等で床面仕上げ剤を塗り、布で軽く磨いて乾かす

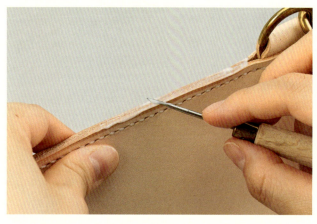

4 ヘリ磨きや布で、コバに艶が出るように磨く
★コバに光沢を出すための仕上げ剤もあります

【形を整える】

1 水を含ませた布等で、革を湿らせる

2 手や木槌の柄などで内側からしごいて革に丸みをつける。厚みのあるものを差し込んでおく

【保革クリームを塗る】

1 柔らかいブラシや布でホコリなどを落としておく

2 保革クリームを、柔らかい布で少量ずつ、革に均一に伸ばしていく。
クリームが乾いたら、柔らかい布で磨く

クリームが一度にたくさんつき過ぎず、塗りやすいように、指に布を巻く

クリームをつける　　　余分なクリームを落とす

Chapter 2
Practical Application of the Basic Methods

応用の工程

この章では、パーツや、本体制作の細かなコツなどを紹介します。
3章の作品制作に入る前に、必ず目を通してください。

肩紐や持ち手

細長い紐やベルトは、革に直に製図して裁ちます。
長さは、基本サイズを掲載しましたが、個人差があるので、ご自身で決めてください。
革の強度によっては、伸びてしまうこともあります。
伸びを防ぐための方法を、2種載せました。

金具やファスナー

金具は数種のみ、ファスナーは1種で制作しています。
つけ方も、この章で紹介しています。

小さな革パーツについて

ヌメ革と一口に言っても、なめしの工程の微妙な違いや、部位、個体差でかなり性格が違います。
特に、本章で制作の説明をしている、小さな革のパーツは、サイズの微調整が必要な場合があります。
革を切り出したら、実際に必要な箇所に当てて、確認をしてください。
これらのパーツは、日常の使い勝手にとても影響します。

変形と機能の追加

本書では、極力少ないパーツで、合理的にバッグを制作することを
主眼においています。
そのため、ポケットなどのパーツは少なめです。
この章では、外側にポケットが欲しい場合の方法を載せました。
型紙のサイズ変更、出来上がった作品の肩紐等のサイズ延長の方法も掲載してあります。

曲線の型紙を縫う、革を被せて縫う、縫い目穴の調整

縫製の際の応用技法です。
3章のバッグを制作する際の参考にしてください。

持ち手と肩紐　長さと仕様

本書の肩紐の型紙には、決まった長さや仕様はありません。
持ち手も、あなたの使いやすいサイズに調整してください。
お手持ちのバッグで、長さを確認することをお勧めします。

【長さを決める】

肩紐の基本的な構造

ナスカン位置

肩紐上部（こちらで長さの調整をします）

アバウトな使用時の紐の全長

バックル位置

肩紐下部

ナスカン位置

リュック肩紐
使用時の全長
80〜95cm が一般的

ショルダーバッグ肩紐
使用時の全長
斜め掛けの場合
120〜150cm が一般的

バッグ持ち手
肩掛けの場合の
入れ口からの長さ
60〜80cm が一般的

【仕様を選ぶ】

細長い紐の場合、革の厚さ、産地や部位によって、伸びやすさや形崩れの度合いが違います。仕様を選択してください

A 1枚仕立て
周囲ステッチなし

革の強度が十分な場合は、ステッチを入れる必要はありません

B 1枚仕立て
周囲に
ステッチ入り

革の強度がやや弱い場合は、革が伸びないよう、周囲にステッチを入れる

C 2枚仕立て
周囲に
ステッチ入り

丈夫なベルトにしたい場合には2枚仕立てに。あまり厚くしたくないときは薄手の革を貼る
（本書では主に、1mm程度の革を貼っています）

細長い紐を裁つ（持ち手や肩紐用の革を裁つ）

細長い紐は、型紙を貼っても、裁断でゆがんでしまいます。
粗裁ちせずに、直に銀面に目打ちでスジを引き、裁ちます

1 ベルトの端から端まで（金具縫製部分も含めた全長）革の銀面に目打ちでスジを引き作図する。
方眼定規があるとゆがみが防げるので便利

2 裁断する

シンプルな持ち手を作る（平たい持ち手）

A【1枚仕立ての場合】

1 持ち手サイズに革を裁つ

2 型紙を、ドラフティングテープで貼る

3 菱目打ちで、縫い目穴を開ける

4 床面仕上げ剤をコバに塗って磨く。床面に型紙を当て印をつける

B【周囲にステッチを入れる場合】

1 菱目打ちを、革のコバに当て、縫い代のスジを引く
（約4mm幅のスジが入れられます）

本体に縫う箇所　　　本体に縫う箇所

2 スジに沿って、縫い目穴を入れる

最初の1目をすでに開いている穴に刺してから、次々に縫い目穴を開けていく

最後は、数目軽く菱目打ちで跡をつけ、縫い目の間隔を調整する

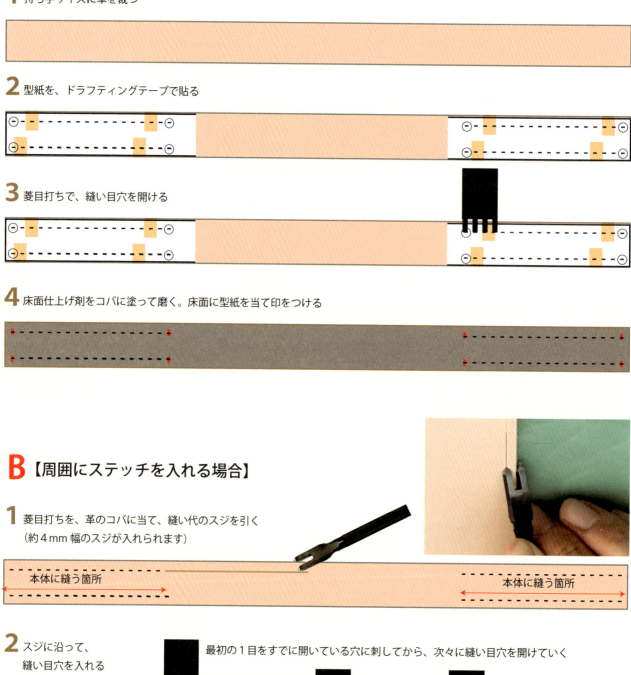

3 床面仕上げ剤をコバに塗って磨く。
本体につける箇所の印を確認し、本体に縫いつける部分を残して縫う

C 【2枚仕立ての場合】

1 縫い目穴の入った革を、やや大きな革に接着する

2 縫い目穴を、2枚目の革まで開ける

表の穴の通りに、裏の革まで貫通するようにしっかり穴を開ける

3 不要な箇所を切り取る

4 床面仕上げ剤をコバに塗って磨く。
本体につける箇所の印を確認し、本体に縫いつける部分を残して縫う

縫い目穴を合わせて本体に接着し、縫う

043

2つ折りの持ち手を作る

1 型紙の通りに縫い目穴を入れて、革を裁つ

2つ折りの箇所

2 2つ折りの箇所を湿らせて折る

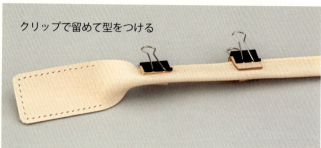

半分にたたむ。
革が硬い場合は、
木槌の平らな部分で叩く

クリップで留めて型をつける

3 縫い目穴を合わせて接着する

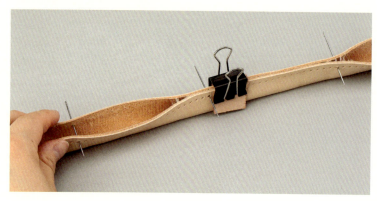

4 持ち手中央部の縫いあがり。床面仕上げ剤をコバに塗って磨く

縫い始め、縫い終わりは、
糸を反対側まで回して2重に縫い留める

5 縫い目穴を合わせて、本体に接着し、縫う

肩紐・自転車ベルト型紙

Patterns　200％に拡大

【共通型紙】
- ○リュック トートバッグタイプ／リュック ブリーフケースタイプ／
  リュック ランドセルタイプ（下側のみ）それぞれ各2本
- ○カメラバッグ／舟形ボディバッグ／角形ボディバッグ／メッセンジャーバッグ
  それぞれ各1本

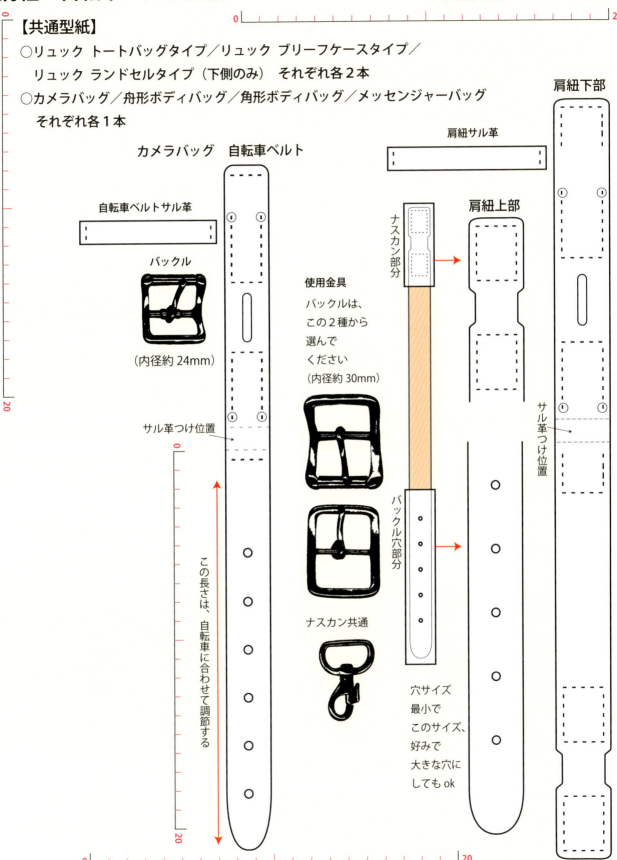

045

肩紐上部を作る

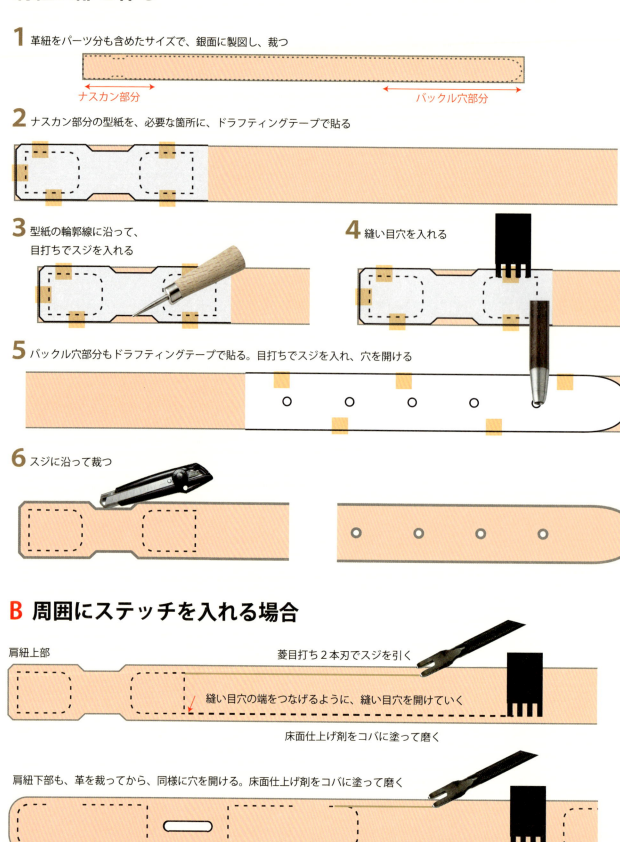

肩紐下部＝バックルベルトを作る

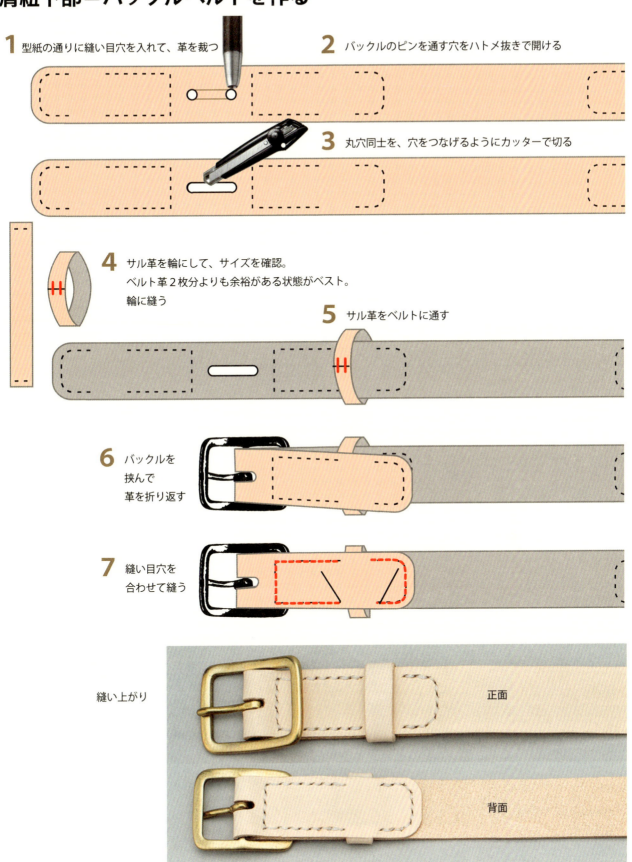

1 型紙の通りに縫い目穴を入れて、革を裁つ
2 バックルのピンを通す穴をハトメ抜きで開ける
3 丸穴同士を、穴をつなげるようにカッターで切る
4 サル革を輪にして、サイズを確認。ベルト革2枚分よりも余裕がある状態がベスト。輪に縫う
5 サル革をベルトに通す
6 バックルを挟んで革を折り返す
7 縫い目穴を合わせて縫う

縫い上がり

正面

背面

047

穴開け、マグネとギボシをつける

バックル穴は、使用するバックルのピンの径と同じか、それより大きなサイズのハトメ抜きを使用して開ける

【ギボシをつける】

ネジ式

丸い頭が飛び出した金具です。穴を開けた革で留めます
★ギボシの台座側の位置は、バッグが完成後、穴側のベルトを当てて、穴位置を確認してから、開けるのがベスト
★裏側の金属パーツを、薄い革でカバーしておくと中のものが傷つかず安心

被せ穴側

穴側は、ハトメ抜きでギボシの軸と同程度の穴を開け、ギボシを差し込みやすくするために、カッターで切れ目を入れる。ハトメで小さな穴を開けておくと、より通しやすい

台座側 ハトメ抜きで穴を開け、台座のネジ部分を刺す

床面側

反対側から、ネジ穴に接着剤を塗った、ギボシの本体を乗せる

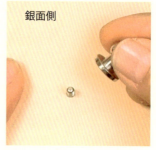
銀面側

ドライバーでしっかりネジを締める

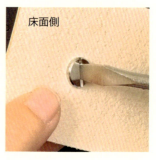
床面側

【マグネをつける】

蓋側

本体側

足折り式

マグネットで留める金具です
★裏側の金属パーツを、薄い革でカバーしておくと中のものが傷つかず安心

マグネの足を銀面のつけ位置に押しつけ、跡をつける

カッターで跡をつけた箇所を切り、マグネの足を通して座金を乗せる

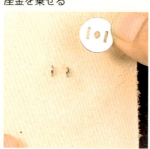

ラジオペンチ等で足を曲げ、木槌で叩いて足を平らにする

★片側をつけ、もう片方の位置は、バッグ完成後、蓋と本体を合わせて穴位置を確認してから、取りつけるのがベスト

底鋲をつける カシメ底鋲をつける

バッグを床等に置いたときに汚れないよう、底を浮かせるための鋲です。通常4個つけます

カシメ底鋲
底側（銀面側）
カシメ側（床面側）

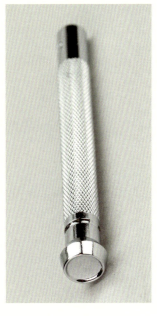

カシメ打ち
底鋲のカシメサイズに合わせて選ぶ

底鋲の足に合わせて穴を開ける

底鋲を銀面側から、差し込む

カシメを床面側から、底鋲に差し込む

底鋲に傷がつかないよう、タオル等に乗せ木槌で打つ

床面側

ファスナーをつける

【本書のファスナー】 全てこのサイズのファスナーを使用しています。型紙のファスナー窓は、ほぼ12〜13mmです

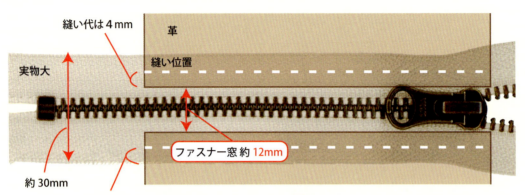

頭合わせ
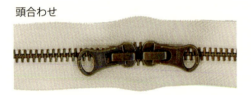

通常のファスナー

★ファスナーの開く方向が右か左かは、使いやすい向きでつけてください

【シンプルなファスナー付け】

ファスナー窓の外側に接着剤をつける

端を押さえて、本体に静かに接着していく

貼り上がり

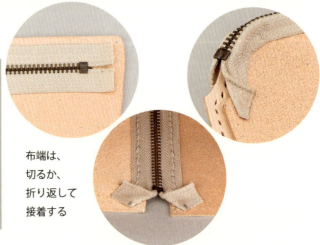

布端は、切るか、折り返して接着する

【印を入れてから、ファスナーをつける】

1 ゆがまないようにガイド線や印をつけておく。硬めの鉛筆等で薄く線を引く

表側から接着する場合

❶ ファスナー窓位置に線を引く

❷ 縫い始め、縫い終わりに線を入れる

❸ 曲線の場合は、ファスナー型紙の印に合わせ、線を入れる

裏側（床面）から接着する場合

床面の、ファスナー布のキワに線を引く。
本書で使用のファスナーの場合は、約9mm

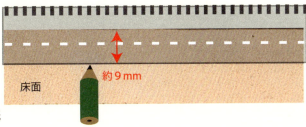

2 ファスナーをテーブルか厚紙にドラフティングテープで留める　　ガイド線を引く

3 接着剤をつけて片側ずつ接着する

【曲線の部分につける】型紙の印や線を、ファスナーと革の床面の両方に入れる

型紙　　ファスナー

1 床面側に型紙をのせ、印を写す

2 印を合わせながら接着する。

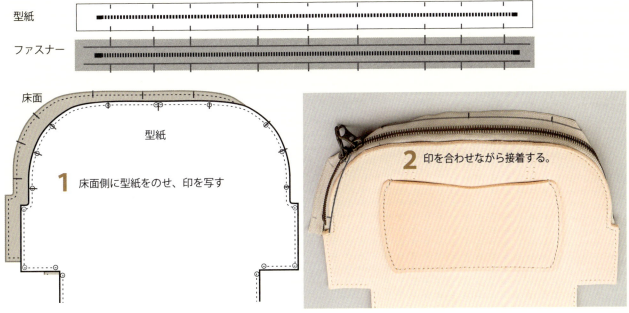

立体的な貼り合わせ

マチ側の縫い代を伸ばして、本体の縫い代の曲線に添わせることがポイント

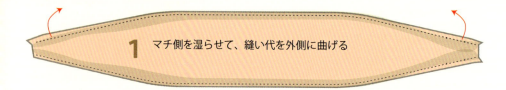

1 マチ側を湿らせて、縫い代を外側に曲げる

2 本体とマチの縫い代に Gクリヤーボンドを塗り数分乾かしてから、紙を挟みながら、中央の縫い目穴を合わせて貼り進める

details

マチ側の縫い代を曲げる。曲線部分を、本体側に合わせて伸ばす

縫い目穴は型紙の中央（三角印）から合わせていくとずれにくい

型紙

針で刺して合わせる

3 接着が剥がれたり、縫い目穴がずれないように、糸で仮止めする

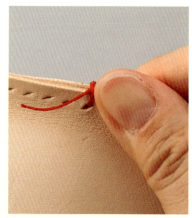

縫い代を被せて縫う

高度な縫い方。内側から針を通しやすいように、縫い目穴をしっかりと開けておくのがポイント

1 曲面に合わせる場合は、下になる革の縫い代を湿らせて曲げておく

2 それぞれの縫い代にGクリヤーボンドをつける

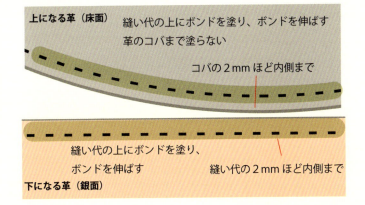

上になる革（床面）
縫い代の上にボンドを塗り、ボンドを伸ばす
革のコバまで塗らない
コバの2mmほど内側まで

縫い代の上にボンドを塗り、ボンドを伸ばす
縫い代の2mmほど内側まで
下になる革（銀面）

3 紙を挟みながら、縫い目穴を合わせて貼り進める。接着が剥がれたり、縫い目穴がずれないように、糸で仮止めする

接着後、1目ずつ目打ちで縫い目穴を刺して、穴を少し広げておくと縫いやすい

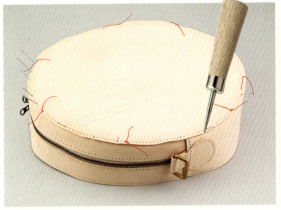

内側

4 手で内側と外側から押さえながら、縫い進める

053

本体型紙の変形

縫い合わせる箇所の縫い目穴が、均等になるように変更します。
型紙の直線部分の長さの増減は、簡単にできますが、
曲線を含む箇所の場合は、難しいのでお勧めできません。

【サイズ変更の基本】

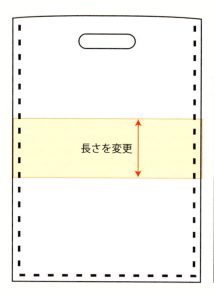

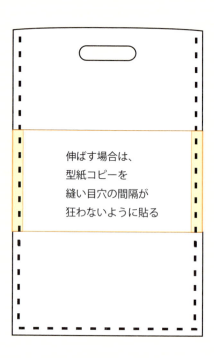

【側面マチのバッグ】シンプルなトートバッグで図解

★解りやすくするため、型紙をつなげた状態にしています

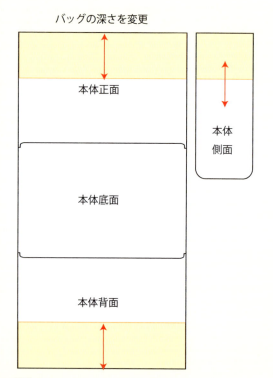
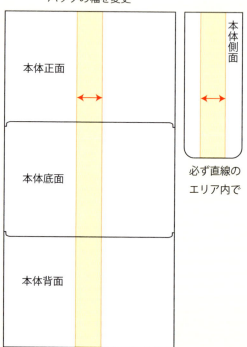

【周囲マチのバッグ】 リュック ブリーフケースタイプで図解

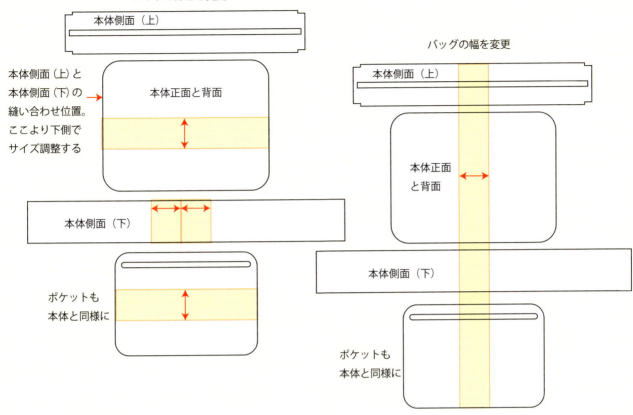

【付属パーツをつける】

★付属パーツのサイズを変更しない場合

持ち手の型紙を切り抜き、位置を調節しながらつける。
左右の持ち手の間隔を均等に

バッグの深さを変更

バッグの幅を変更

バッグの深さを変更

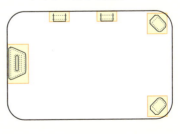

バッグの幅を変更

ポケットの追加

本書では、パーツを極力少なくするために、ポケットは最小にしています。
ご自分の使いやすいように、カスタマイズしてください

【外ポケットの追加】

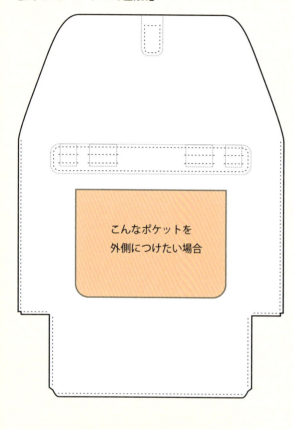

こんなポケットを外側につけたい場合

1 ポケット用の革を裁断する

2 菱目打ち2本刃を、革のコバに当て、縫い代線を引く
（約4mm幅のスジが入れられます）

3 縫い代線に沿って、菱目打ちで縫い目穴を開ける

入れ口の縫い目穴は、菱目打ちが一目外に出るように調節して開ける

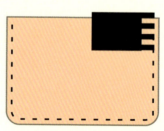

4 ポケットの縫い代に接着剤を塗り、本体に貼る

5 3で開けたポケットの縫い目穴に菱目打ちを合わせて、本体までしっかり、縫い目穴を開ける

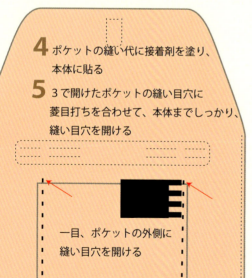

一目、ポケットの外側に縫い目穴を開ける

6 縫う

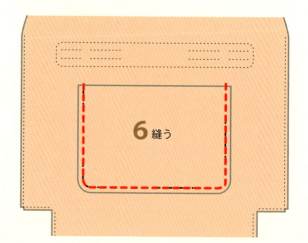

【内ポケットの追加】

表側に見える縫い目を少なくするために、入れ口のみ、縫いつける

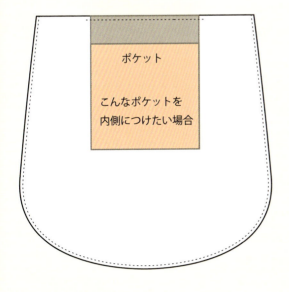

1 ポケット用の革を裁断する

2 菱目打ち2本刃を、革のコバに当て、縫い代線を引く

3 縫い代線に沿って、菱目打ちで折り目の5mmほど手前まで縫い目穴を開ける

入れ口の縫い目穴が、菱目打ち一目分外に出るように開ける

4 ポケットを畳んで、縫い代を接着し、3で開けた縫い目穴に菱目打ちを合わせて、本体にしっかり縫い目穴を開ける

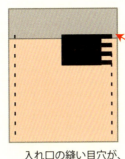

入れ口の縫い目穴が、菱目打ち一目分外に出る

5 本体に縫うために菱目打ち2本刃で、縫い代線を引き、線に沿って縫い目穴を開ける

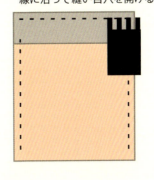

6 ポケットの両脇を縫う

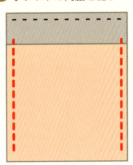

7 本体にコバを合わせ接着し、5で開けた縫い目穴に合わせて、本体に縫い目穴を開ける

8 縫う

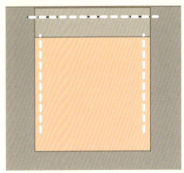

057

ファスナー開閉のベロ

べろ（摘み）をつけておくとファスナーの開け締めがしやすくなります。
作品完成後につけることもできます。

ベロ型紙
100%
左右各1枚

1 縫い目穴を入れ、革を裁ち、床面とコバに床面仕上げ剤を塗って磨く

2 ファスナー端の革に縫い目穴を合わせて接着し、縫う

肩紐の長さを足す（出来上がってから足したい場合）

ベルト中継ぎ型紙　100%
左右各1枚

24mm幅のベルト用

30mm幅のベルト用

1 元のベルトを切る

2 型紙を貼って縫い目穴を入れる

3 中継ぎベルトを裁つ。元のベルトの両端に型紙を貼り、縫い目穴を開ける

縫い目穴を合わせて接着し、縫う

元のベルト　　中継ぎベルト　　元のベルト

3枚以上を一度に縫う

針を通しやすいように、
縫い目穴をしっかりと開けておくのがポイント

接着後、1目ずつ目打ちで穴を合わせながら
縫い目穴を少し広げておくと縫いやすい

縫い目穴が合わなくなったら

縫い目穴を合わせて貼り進んだつもりでも、穴の数が合わなくなったら、
以下の方法で調整してみてください。ヌメ革は多少なら伸ばすことができます。
仕上げの際も革を湿らせて伸ばし、なじませます。

【接着面をはがす】

接着面のコバのすき間に目打ちを刺し、
目打ちを斜めに動かしながらはがす

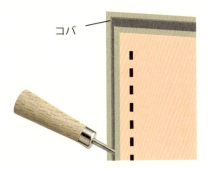

【入れ口が合わない場合】

入れ口を切り揃えられないときは、
入れ口から10cmほど縫い代の接着面を
はがす。
短い方の革を湿らせて伸ばし、
乾いたら菱キリで穴を足す

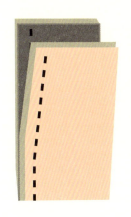

【穴を合わせながら縫う】

穴を足した箇所の数目手前で縫い留め、
次に入れ口側から目打ちで穴を合わせ
ながら縫う

縫い終わったら、
縫い代を開いて接着剤を塗り、
しっかり接着する

【途中の目が合わない場合】

入れ口の場合と同様に、
革を湿らせて伸ばし、
穴を足して縫う

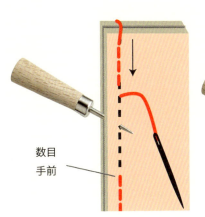
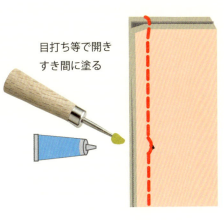
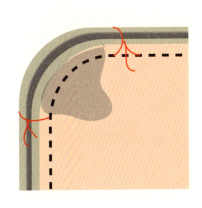

オイルレザーを使う

淡いベージュの革バッグが、
同じデザインでも色つきの革を使うことで、
劇的に変わります。

本書のヌメ革バッグの画像に色を付けたイメージ画像です

【オイルレザー】

タンニンなめしですが、革にたっぷりとオイルを染み込ませた
タンローよりややしなやかな肌触りの革です。
タンローと同様、手縫いの革製品を作るのに最適な革で、
制作工程もタンローの場合と同じです。

たくさんの色があります。
本書では、縫い糸は全て白を使っていますが、
色糸を同系色にしたり、
ステッチをきかせるために、反対色を用いたりという
変化も楽しめます。

染色されている革は、革の傷や日焼けがわかりにくいので
製作の際に気を使うことが少ないのは、利点です。

縫製前の色革は、レザーフィックスを塗って色移りを防いで
おくと安心です。
淡い色と濃い色のものを組み合わせて、2色使いの作品が作りたい場合は、
色革の端革を濡らして事前にチェックを。
このとき色が出るものは、
色移りすることがあるので避けましょう。

Chapter 3
How to Make Various Bags
いろいろなバッグの作り方

この章では、いろいろなデザインのバッグで、バッグの構造と制作バリエーションを紹介します

「1章　基本の制作工程」を参照して制作してください。
「2章　応用の工程」の参照が必要な箇所は、黒地枠内に示しています。

使用する革、金具

使用したヌメ革は、全て約2mm厚です。
金具は、ほとんど真鍮製です。

サイズ表記

バッグサイズは、4mmの縫い代入りなので、
内寸は、やや小さくなります。
中身の入り加減でも増減するので、
アバウトな寸法です。
人物は、身長175cmと165cmの場合の
バッグの大きさのおおよその目安です。

作り方ページ

図は縮小サイズなので、
縫い目が解りやすいよう太い線で表現しています。
縫い目穴の数は、実物と異なります。

型紙

50%に縮小して掲載しています。
200%に拡大して使用します。★p.066、p.120-121は210%
「1章　基本の制作工程」の型紙についてのページを参照してください。
型紙中に金具も同じ縮小率で載せています。立体物なので、多少誤差が生じることがあります。

真鍮金具

革の経年変化による褐色への変色と同様、
サビが出ますが、味のある風合いの素材です。
特に、バッグ完成後の、ヌメ革がまだ乳白色の間は、
サビの色が目立ちやすいので、革にサビが移らないよう、
保管の際は、薄紙などで金具を覆って保護してください。

063

Tanned Leather Bag　No.002
シンプルクラッチバッグ

Front

Size

45cm
A4
33cm

Detail

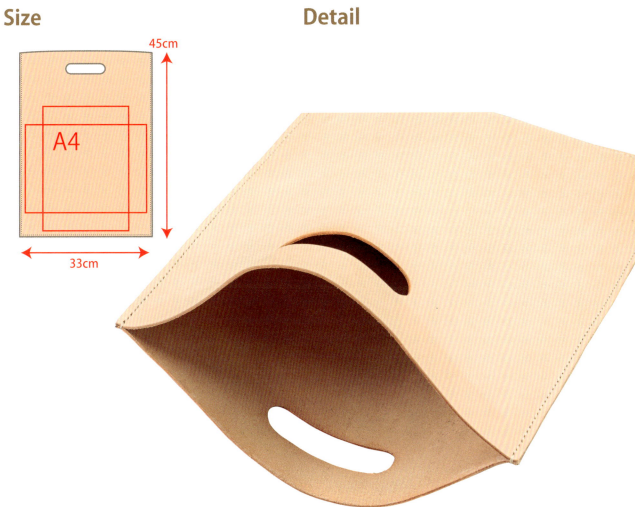

Patterns

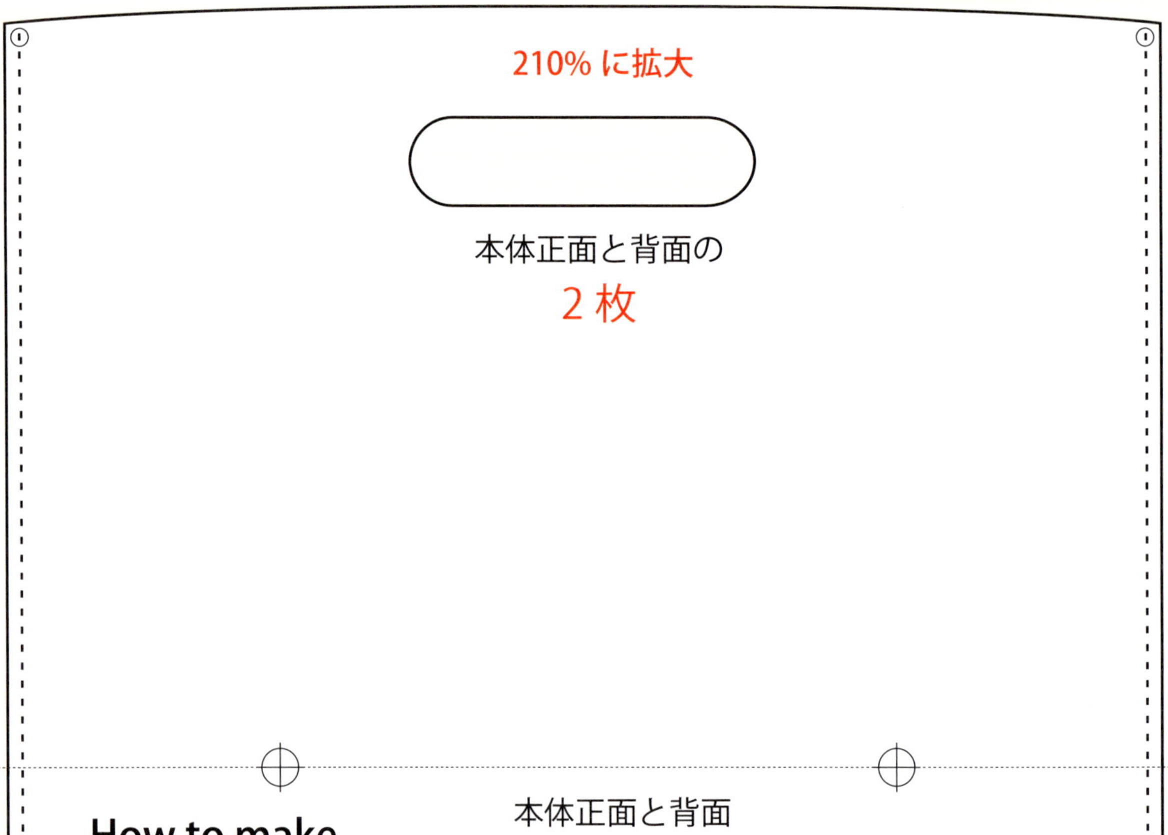

210% に拡大

本体正面と背面の
2枚

本体正面と背面

How to make

【革に縫い目穴を入れて裁つ】

- 床面仕上げ剤を、床面と赤線の箇所のコバに塗って磨く
- 型紙の○印の箇所の床面に印をつけておく

【本体を作る】

縫い目穴を合わせ、接着し、縫う

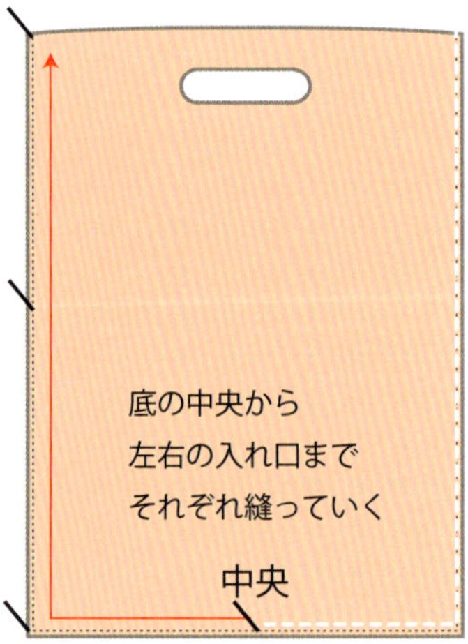

底の中央から左右の入れ口までそれぞれ縫っていく

中央

床面仕上げ剤を縫い合わせた箇所のコバに塗って磨く

両面テープで接着する

接着箇所が平らで直線の多いものは、両面テープを使うと楽に縫い代の接着ができます。
縫い代の幅より細い2mm程度のものを使います

1 床面の縫い代にテープを貼る

2 針で、縫い目穴の印を合わせ、両面テープの
剥離紙をはがしながら接着していく

3 接着力がボンドより弱いので、剥がれないように、
クリップで留めるか、数カ所糸で縛って
仮止めしてから縫う

> Tanned Leather Bag　No.003
> クラッチバッグ　ファスナーつき

068

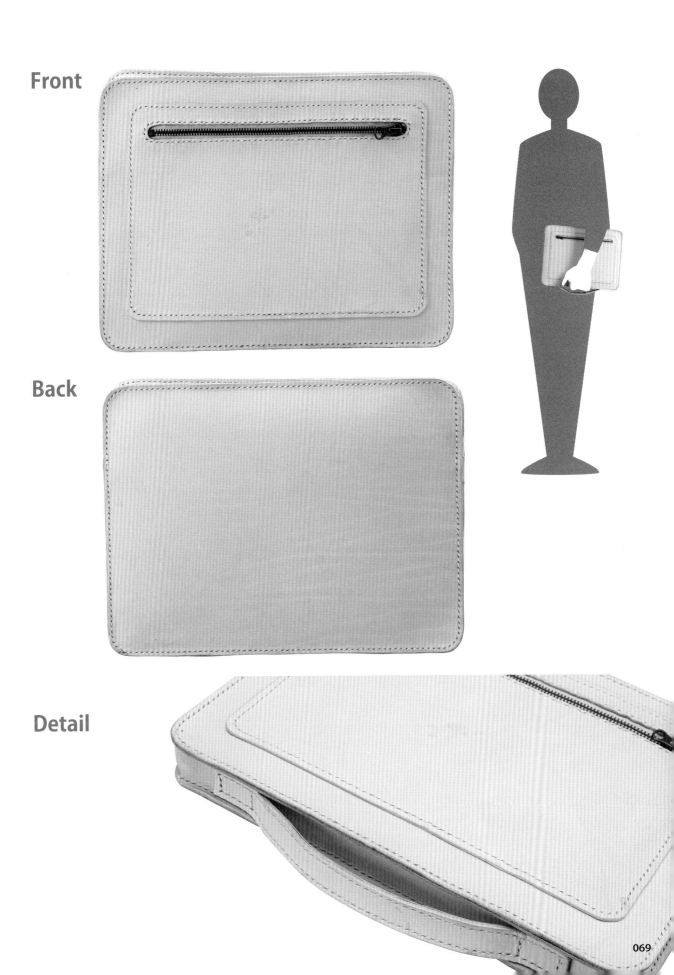

How to make

【革に縫い目穴を入れて裁つ】

> シンプルな持ち手の作り方 p.040〜045
>   2枚仕立てで、周囲にステッチを入れています
> ファスナーをつける p.050、051
> 立体的な貼り合わせ p.052
> 3枚以上を一度に縫う p.058

本体側面（上）

本体正面

本体背面

本体側面（下）

持ち手

ポケット

- ●床面仕上げ剤を、床面と赤線の箇所のコバに塗って磨く
- ●型紙の○印の箇所の床面に印をつけておく

【パーツを作り、本体につける】

1 ポケットに、ファスナーをつける

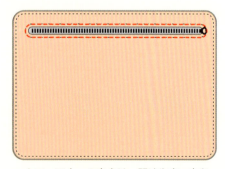

★ファスナーの向きは、開けやすい方を選択してください

2 本体正面にポケットを、縫い目穴を合わせて接着し、縫う

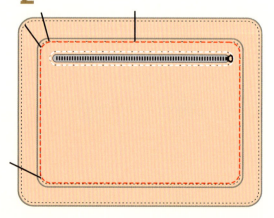

070

3 持ち手を作る。ステッチを入れる場合は、本体につける箇所を残して縫っておく

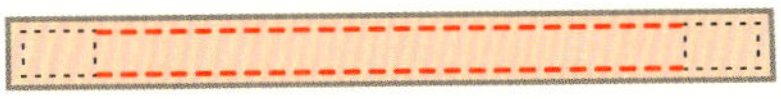

4 本体側面（上）に、ファスナーをつける

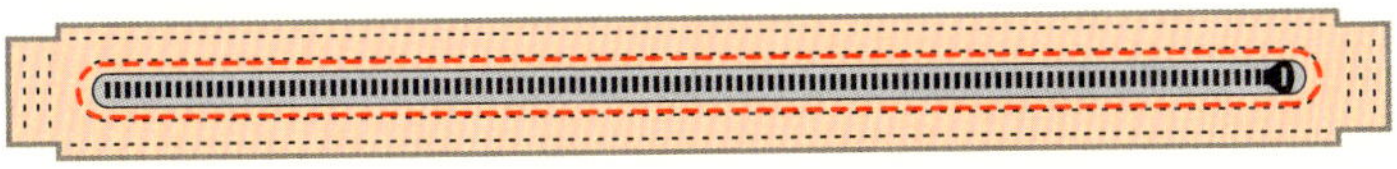

5 本体側面（下）に持ち手を、縫い目穴を合わせて接着する

縫う

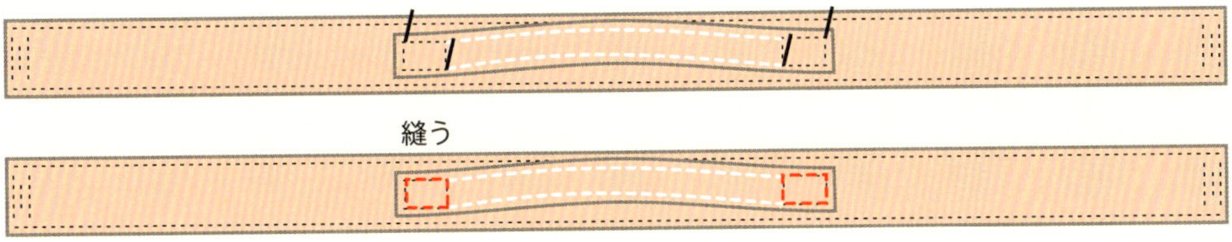

6 本体側面（上）と本体側面（下）を、縫い目穴を合わせて接着する

縫う

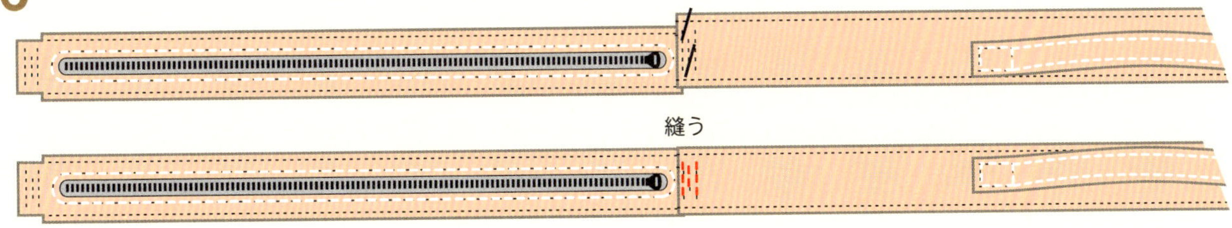

7 もう片方の側も筒状になるように、縫い目穴を合わせて接着し、縫う

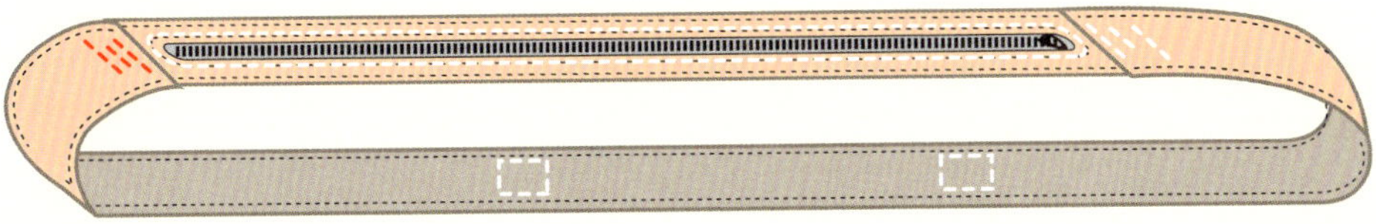

【本体を作る】

1 本体側面の縫い代を湿らせて曲げる

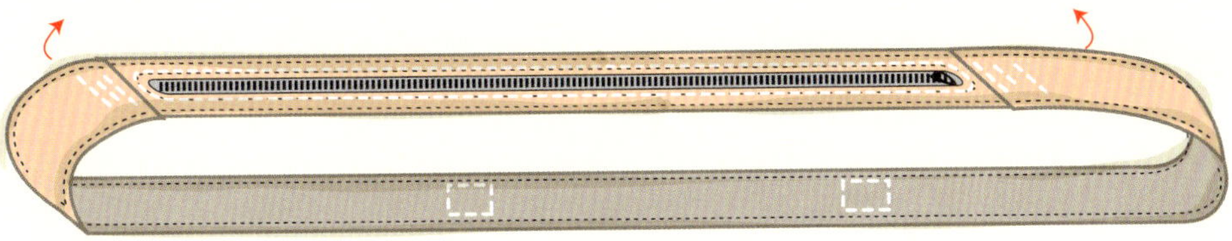

2 本体背面に本体側面を、縫い目穴を合わせて接着し、ずれないように仮止めしておく

★ファスナーの向きは、ポケットと同じ方向に

3 本体正面に本体側面を、縫い目穴を合わせて接着し、ずれないように仮止めしておく

縫う

縫う

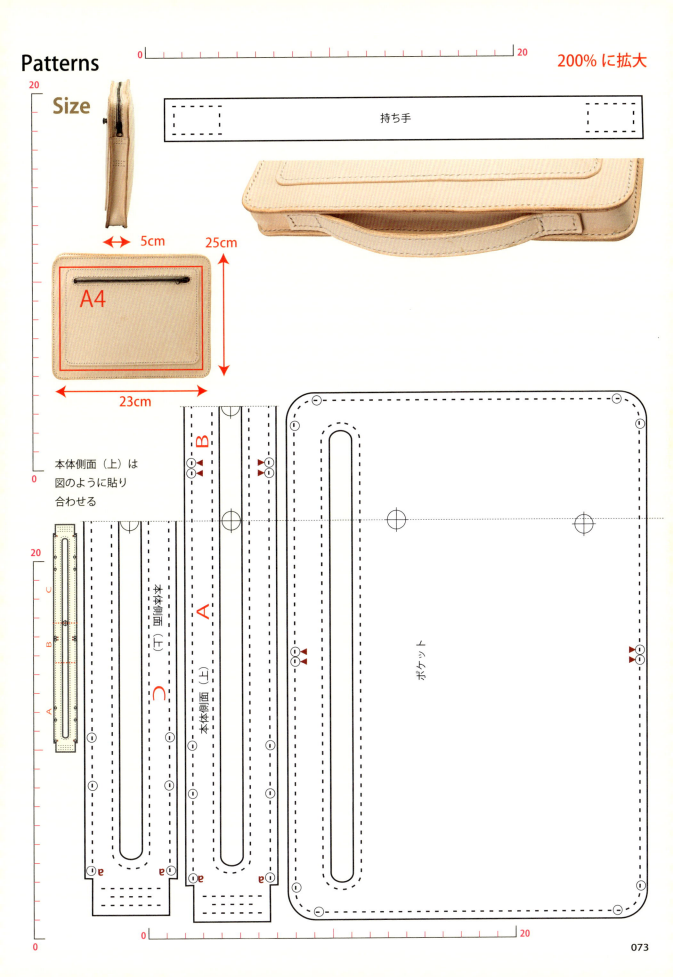

Patterns

200% に拡大

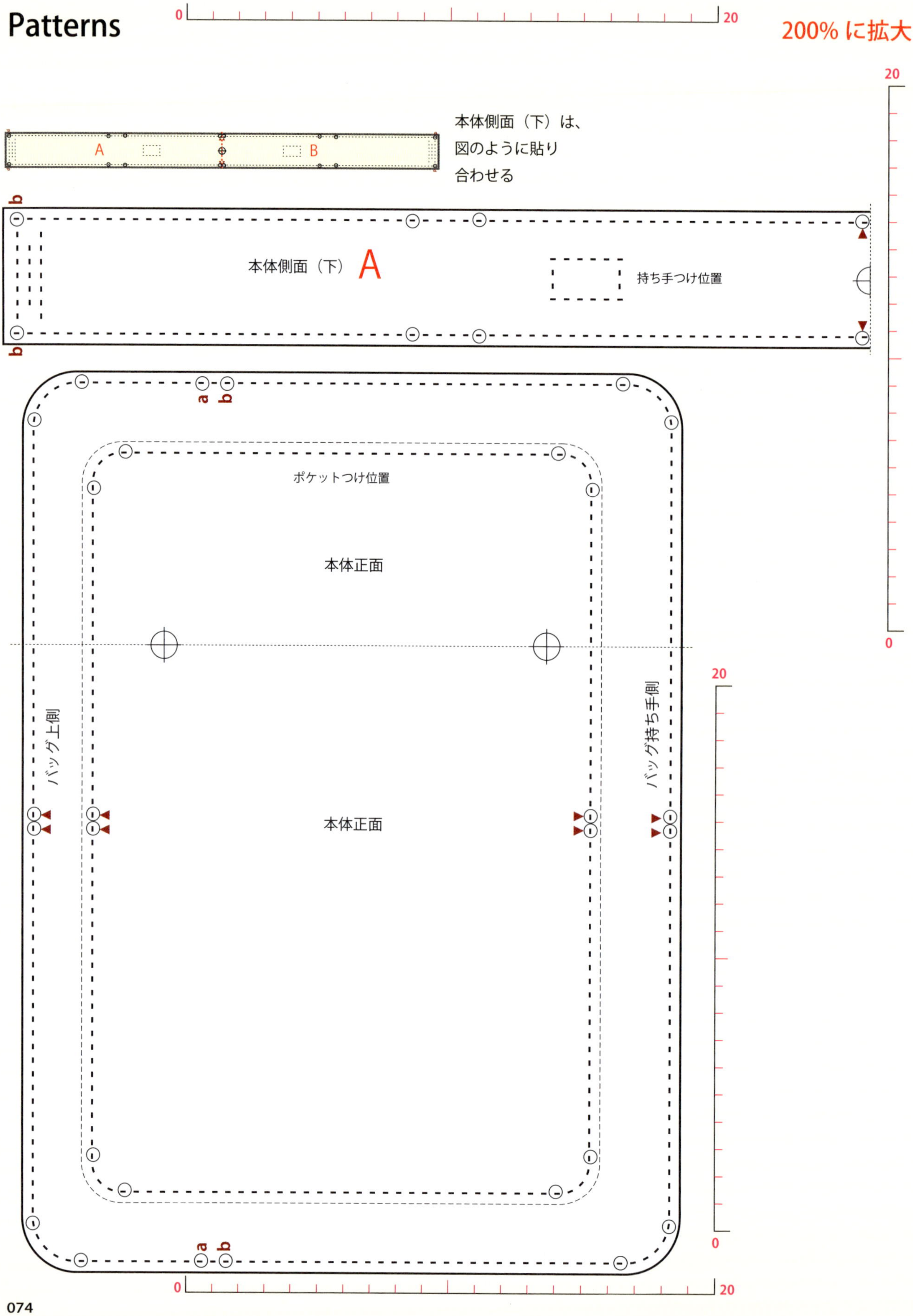

0
20
A
B
本体側面（下）は、
図のように貼り
合わせる
b
本体側面（下） A
持ち手つけ位置
a
b
ポケットつけ位置
本体正面
バッグ上側
バッグ持ち手側
本体正面

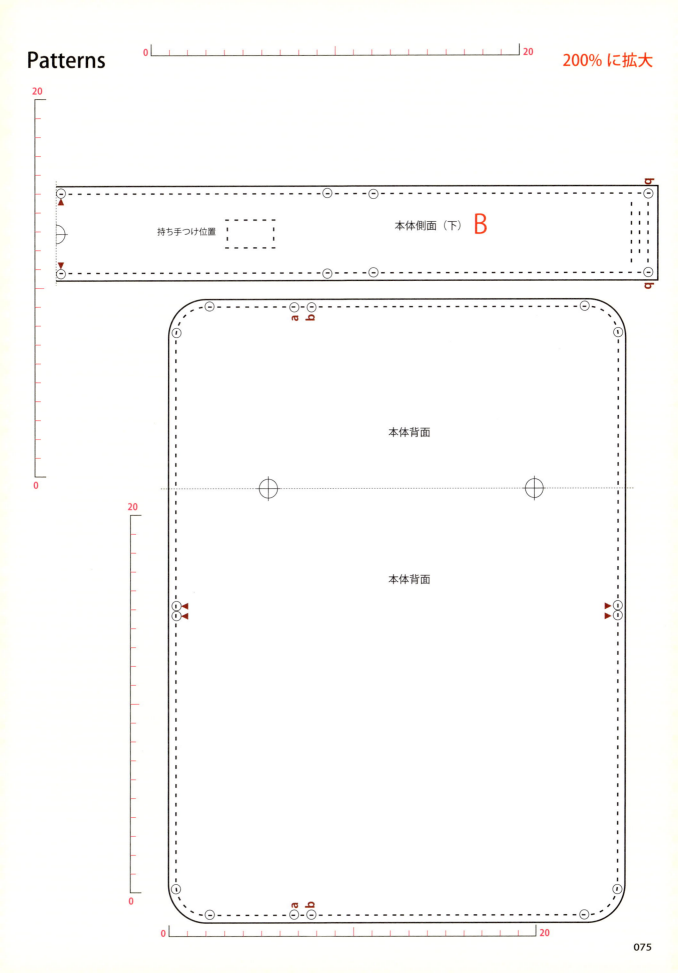

Tanned Leather Bag　No.004
舟形ボディバッグ

Front

Back

Side

Detail

How to make

【革に縫い目穴を入れて裁つ】

肩紐の作り方と型紙 p.040〜047
周囲にステッチを入れています
ファスナーをつける p.050、051
立体的な貼り合わせ p.052

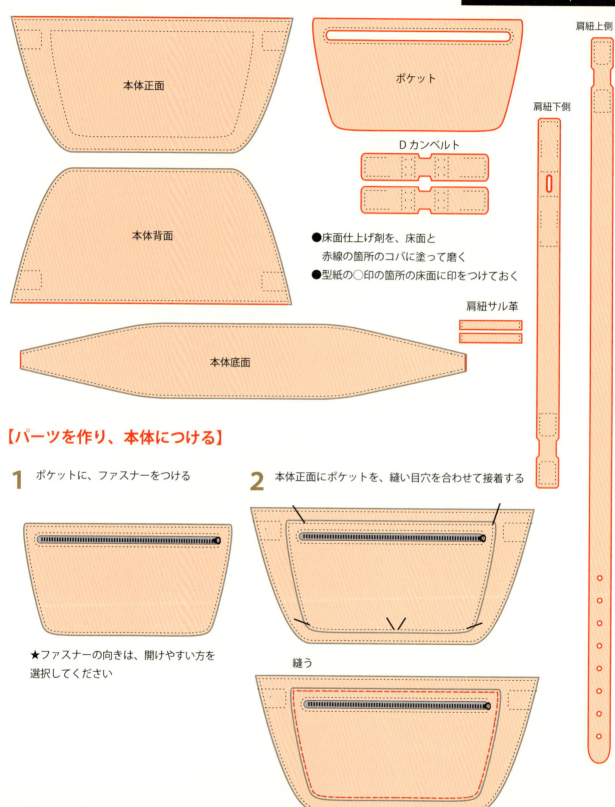

●床面仕上げ剤を、床面と赤線の箇所のコバに塗って磨く
●型紙の○印の箇所の床面に印をつけておく

【パーツを作り、本体につける】

1 ポケットに、ファスナーをつける

★ファスナーの向きは、開けやすい方を選択してください

2 本体正面にポケットを、縫い目穴を合わせて接着する

縫う

【本体を作る】

1 本体正面と本体背面に、ファスナーをつける

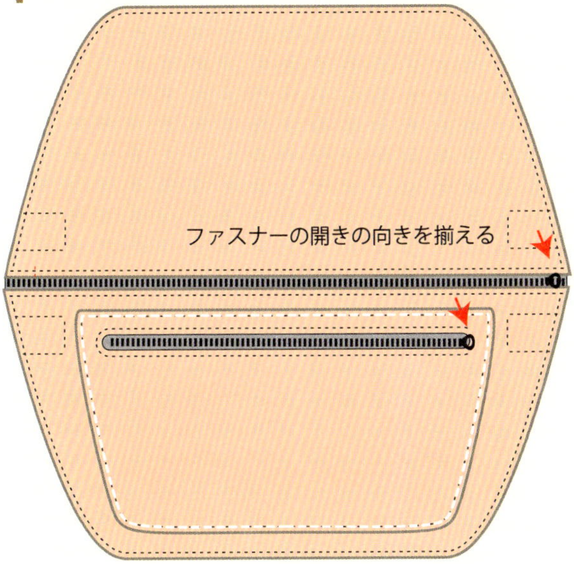

ファスナーの開きの向きを揃える

2 本体底面を湿らせて縫い代を外側に曲げる

外側に曲げる

3 本体背面に本体底面を、縫い目穴を合わせて接着し、ずれないように仮止めしておく

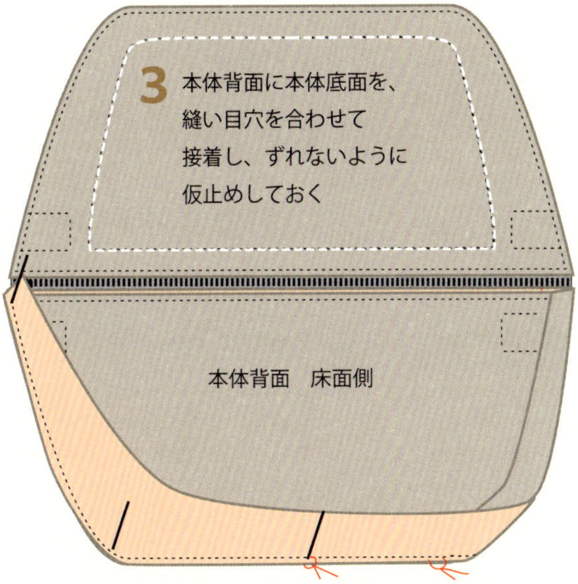

本体背面　床面側

4 縫う

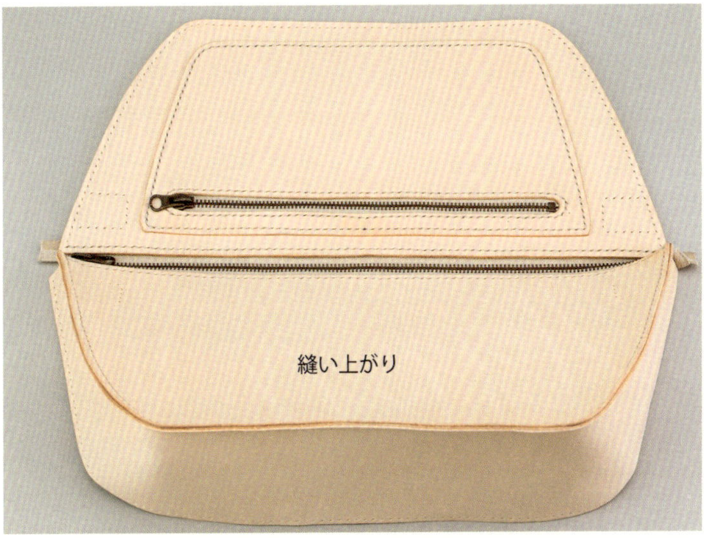

縫い上がり

079

5　本体底面を湿らせて縫い代を外側に曲げる。
本体正面に沿うように、縫い代を曲げながら伸ばす

紙を挟んで縫い目穴を合わせながら接着する

縫い代がずれないよう、しっかり合わせ、仮止めして縫う

6　Dカンベルトを湿らせる

Dカンを挟み、
縫い目穴を合わせて接着し、
縫う

縫い上がり

本体を挟み、
縫い目穴を合わせて接着する

縫う

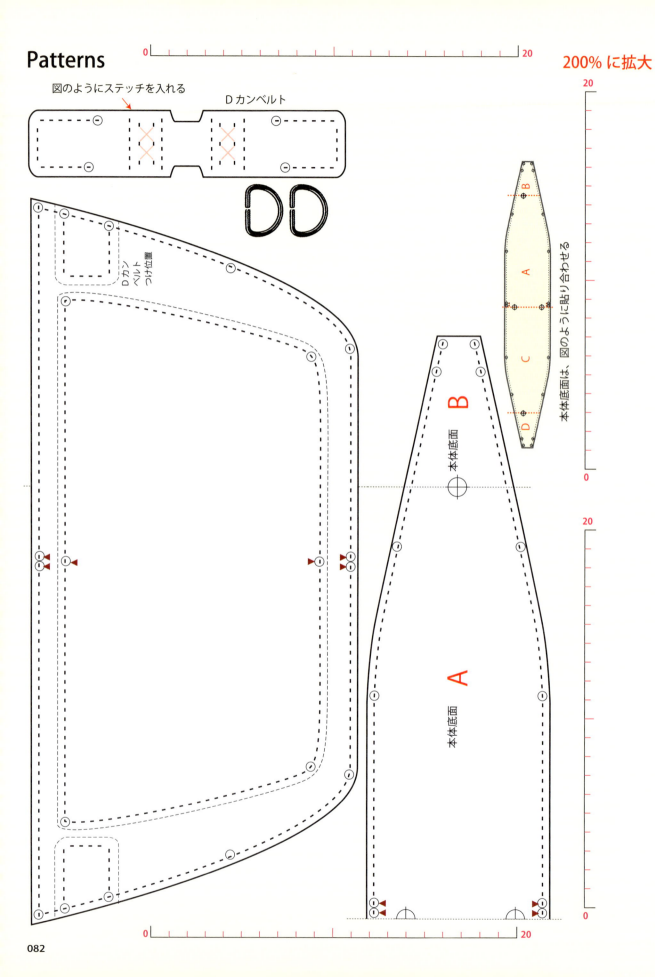

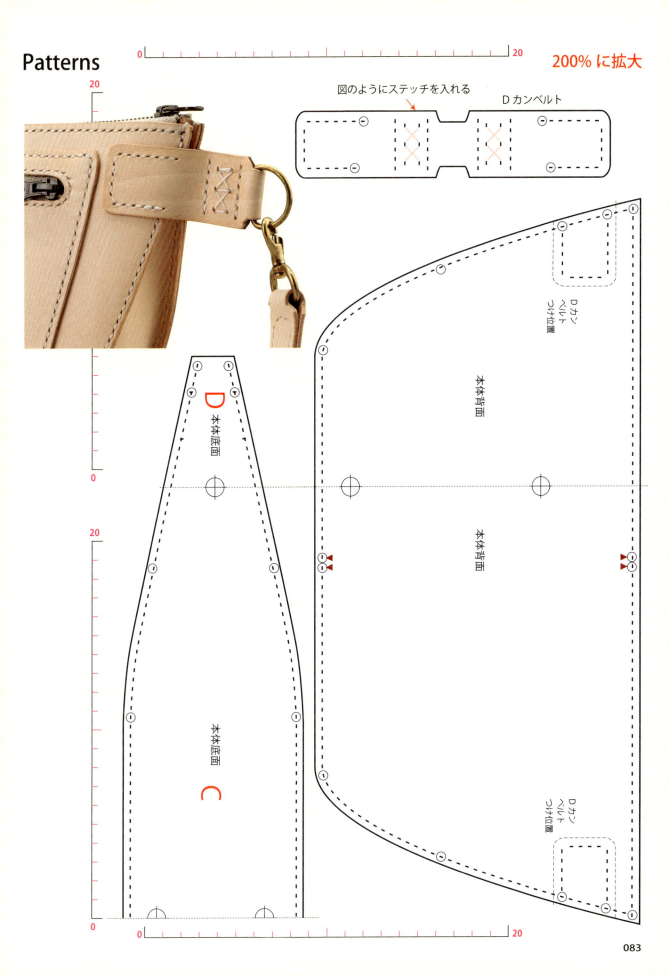

> Tanned Leather Bag　No.005
> 角形ボディバッグ

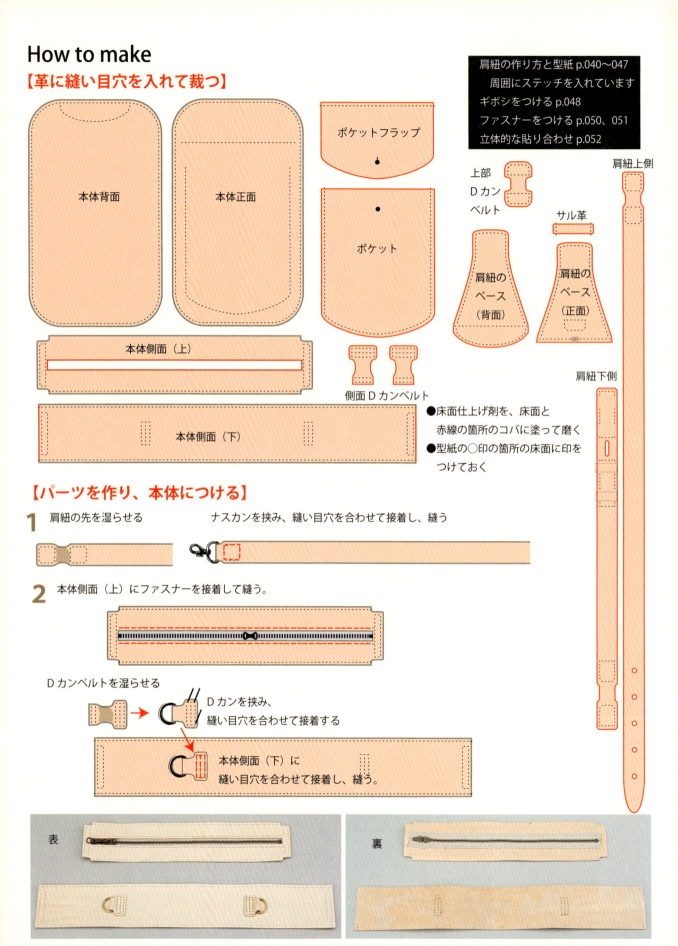

3 ポケットにギボシをつける。
ギボシの裏側に、キズを防ぐために
金具よりやや大きめの薄手の革を貼る

4 本体正面にポケットと
ポケットフラップを
縫い目穴を合わせ
接着し、縫う

5 肩紐のベース（正面）に、サル革をつける

Dカンベルト（上）を湿らせて、
Dカンを通してたたむ

縫い目穴を合わせて接着し、縫う

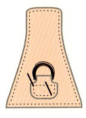 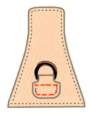

6 本体背面に肩紐のベース（背面）を、
縫い目穴を合わせて接着し、縫う

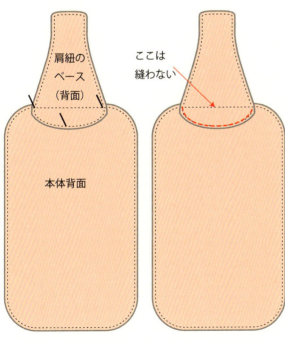

7 6の床面側に肩紐のベース（正面）とサル革を、
縫い目穴を合わせて接着し、縫う

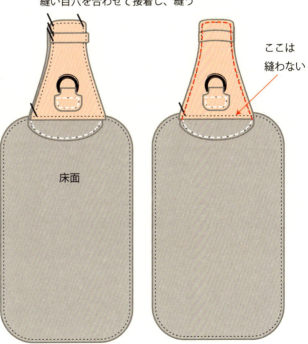

【本体を作る】

1 本体側面（上）と本体側面（下）を縫い目穴を合わせて接着し、縫う。

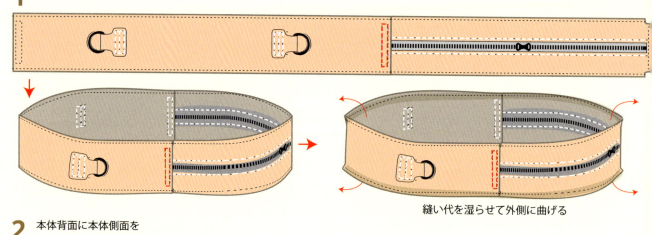

縫い代を湿らせて外側に曲げる

2 本体背面に本体側面を縫い目穴を合わせて接着し、ずれないように仮止めする

3 2に本体正面に被せ、縫い目穴を合わせて接着し、ずれないように仮止めする

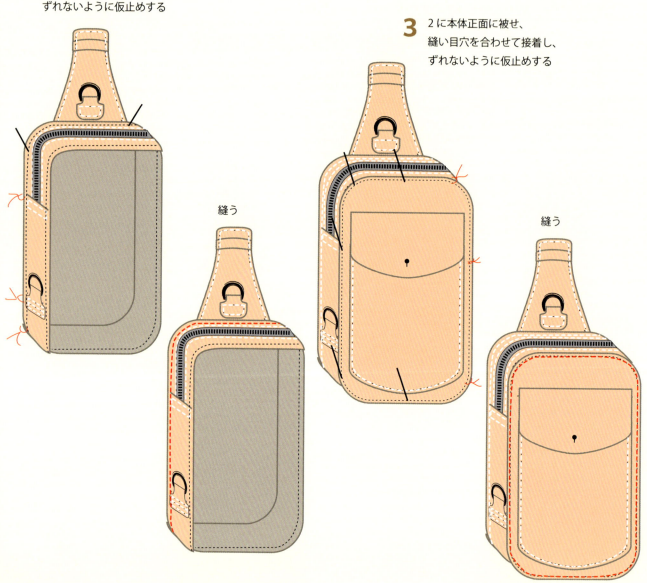

縫う

088

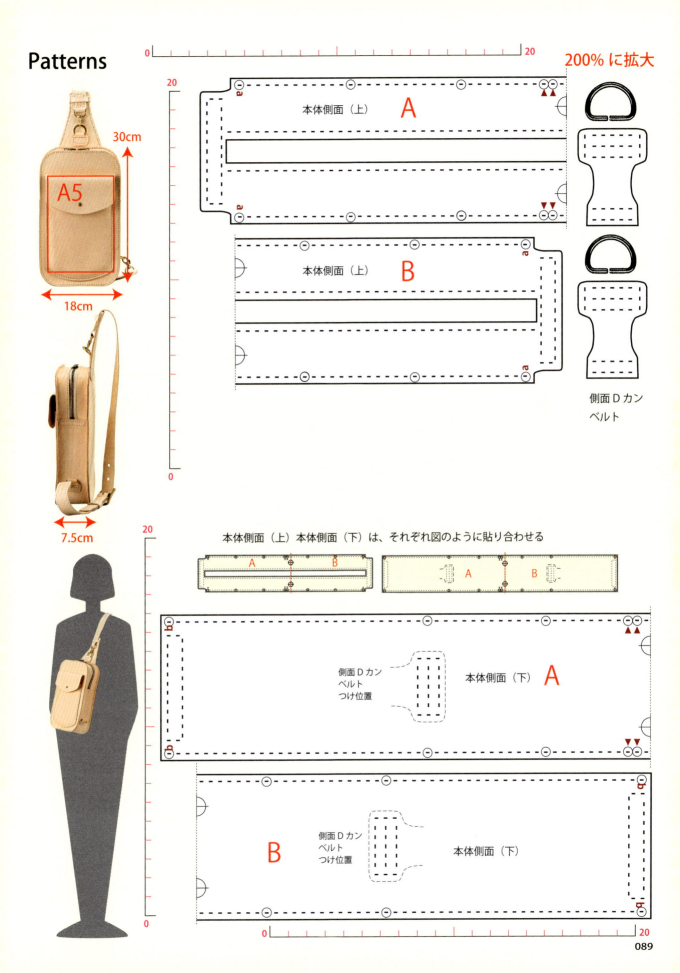

Patterns

200%に拡大

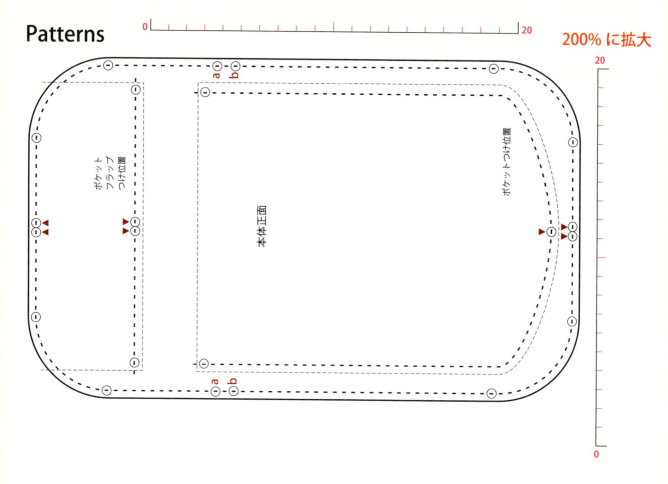

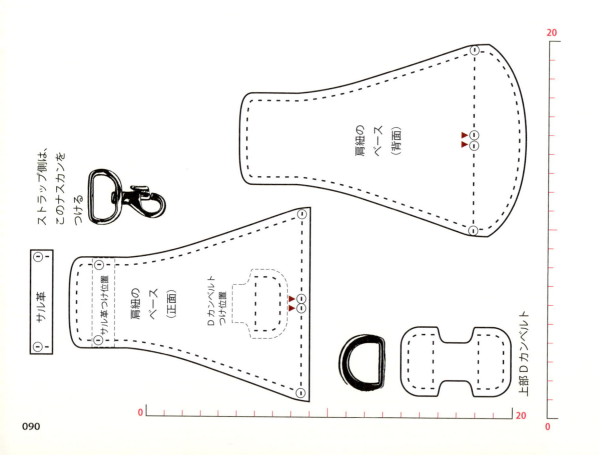

Patterns

200% に拡大

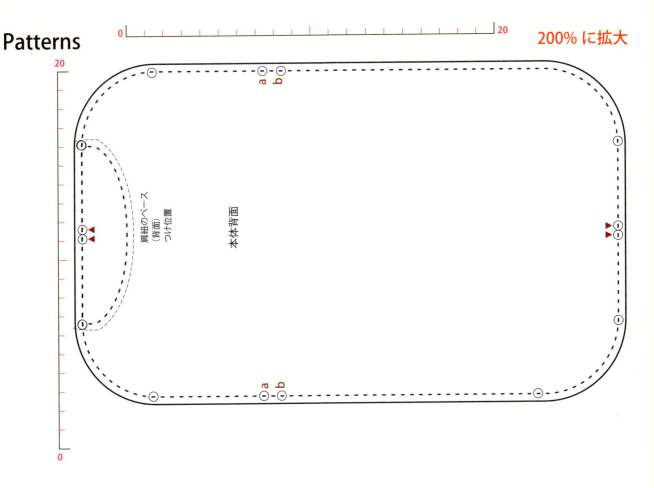

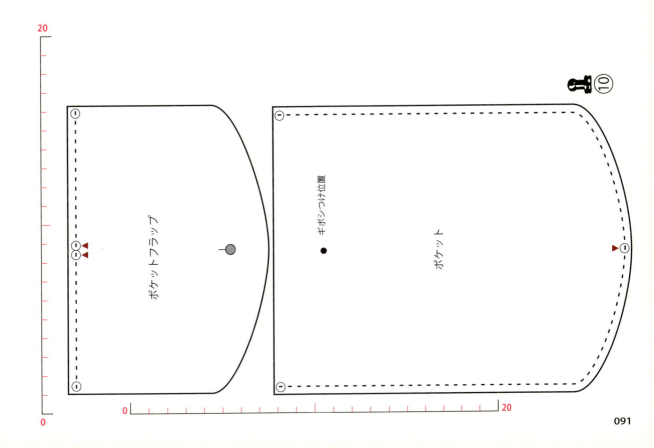

Tanned Leather Bag　No.006
カメラバッグ

Front

Side

Back

Detail

Bicycle Bag

背面にベルトをつけて自転車用のバッグとして使用
する場合は、自転車の車種によっては向かないものが
あるかもしれません。必ず、ご自身で安全を確認してください。
ハンドルや補助ベルト用のベルトの長さ、補助ベルトの位置は、
修正が必要な場合があります

How to make

【革に縫い目穴を入れて裁つ】

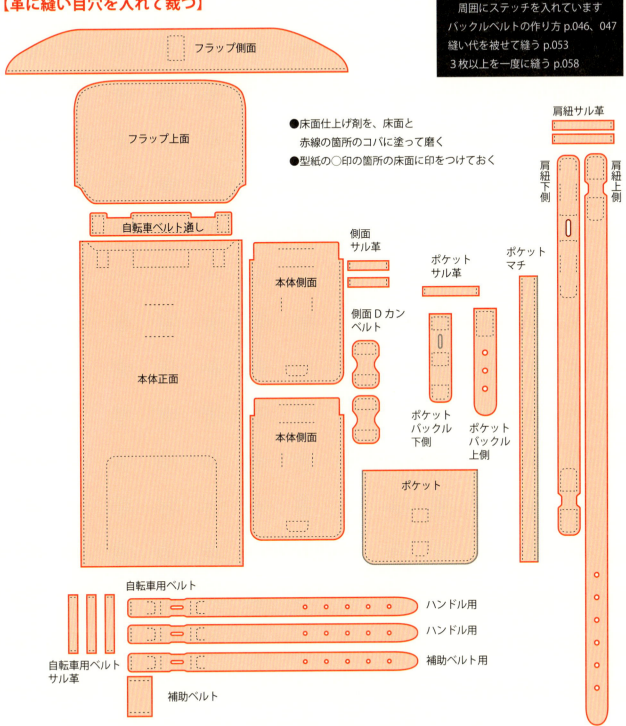

【パーツを作り、本体につける】

1 フラップ側面に バックルベルト上側を 縫い目穴を合わせて接着し、縫う

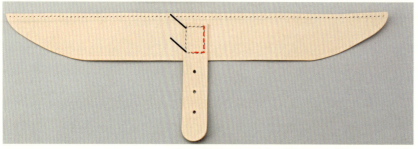

2 フラップ側面の上側を 湿らせ内側に曲げる。 フラップ側面に フラップ上面を被せ、 縫い目穴を合わせて 接着し、縫う

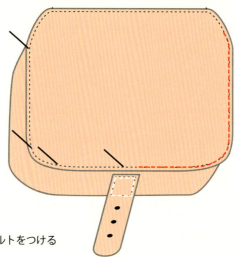

床面

3 ポケットにバックルベルトをつける

サル革をたたみ 中央を縫う

バックルベルト下側を作る

サル革を通して バックルベルトを 縫い目穴を合わせて 接着し、縫う

4 ポケットにマチを、 縫い目穴を合わせて接着し、 ずれないように仮止めする。 縫う

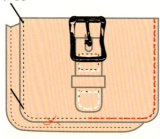

床面

5 本体側面に、パーツをつける

Dカンベルトを湿らせる

Dカンを挟む

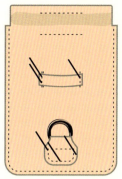

側面の上端を湿らせる。
側面サル革とDカンベルトを縫い目穴を合わせて接着する

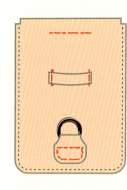

側面の上端をたたみ、縫い目穴を合わせて接着し、縫う。
側面サル革とDカンベルトを縫う

【本体を作る】

1 本体正面にポケットをつける

縫い目穴を合わせて接着し、ずれないように仮止めする

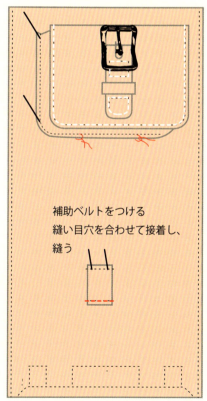

補助ベルトをつける
縫い目穴を合わせて接着し、縫う

2 ポケットを縫う

3 本体正面とフラップを縫い目穴を合わせて接着する

097

Patterns

200% に拡大

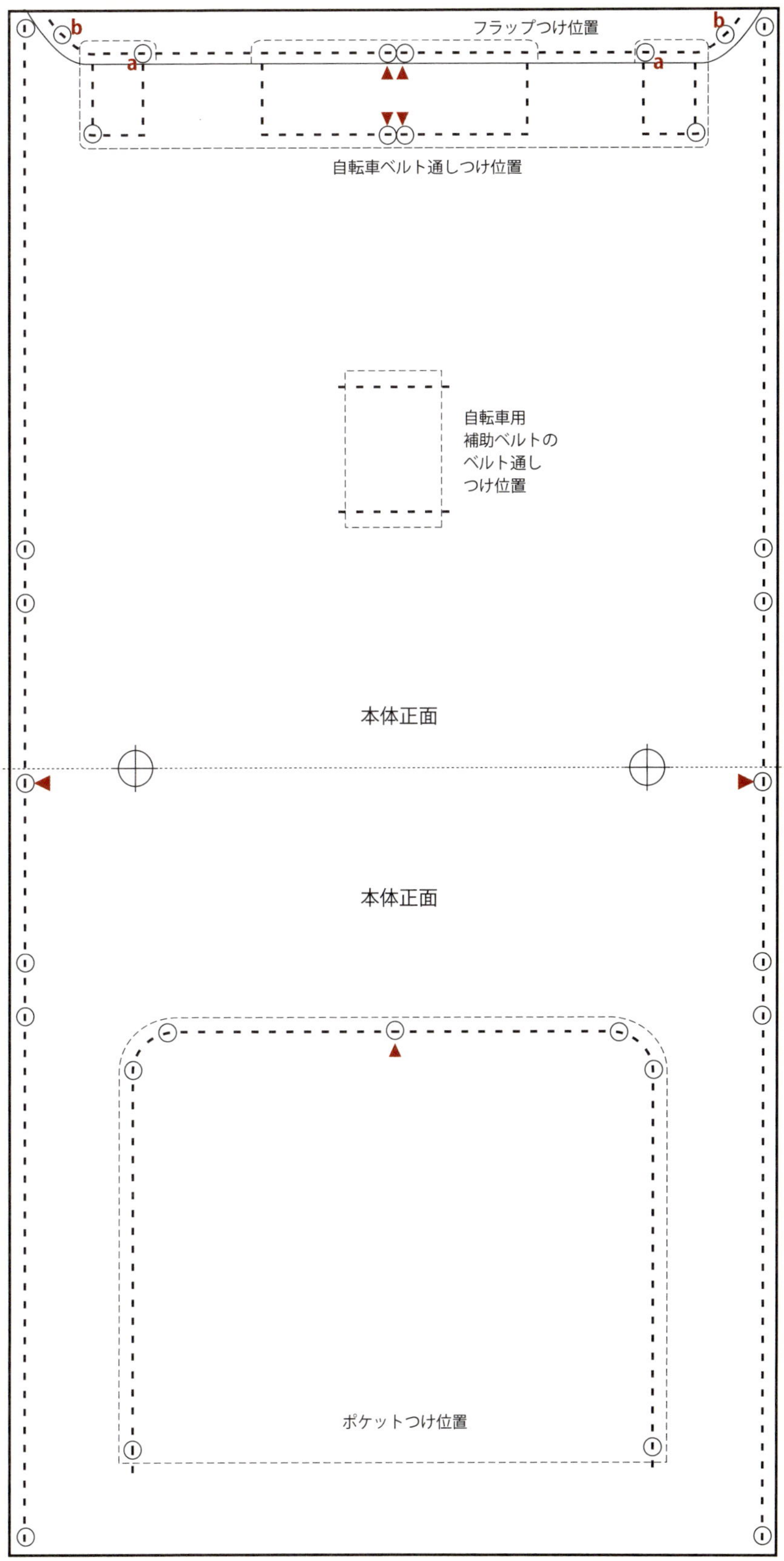

フラップつけ位置

自転車ベルト通しつけ位置

自転車用
補助ベルトの
ベルト通し
つけ位置

本体正面

本体正面

ポケットつけ位置

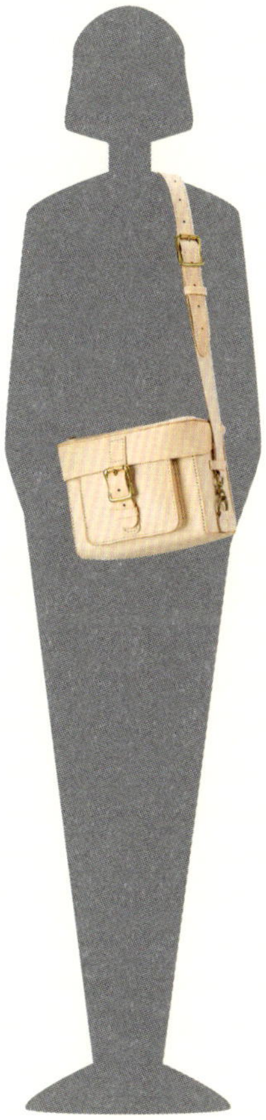

099

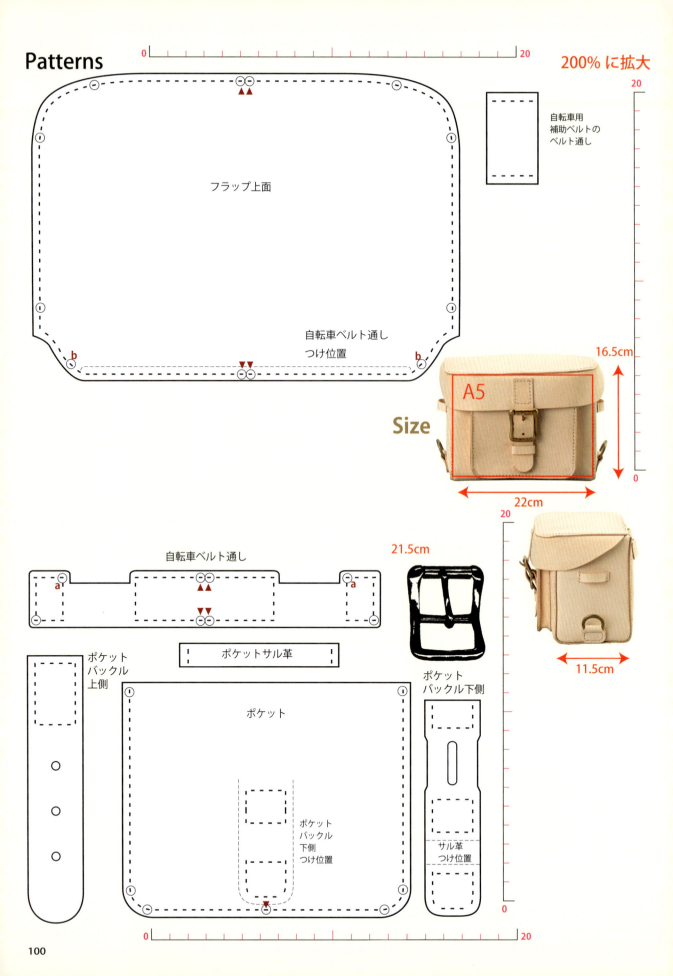

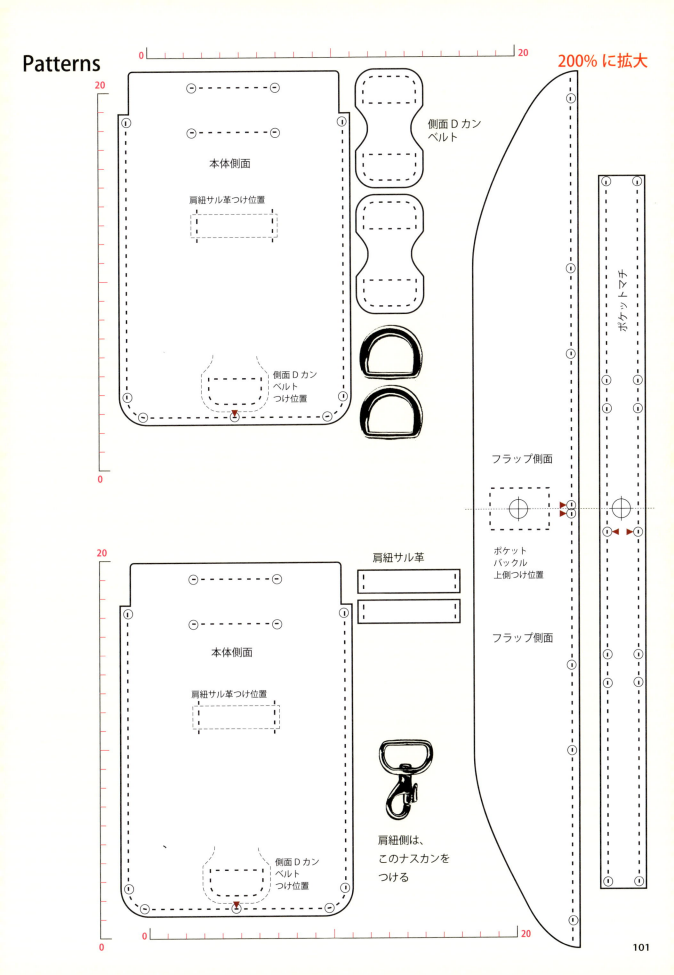

Tanned Leather Bag　No.007
シンプルトートバッグ

Front

Side

Detail

How to make

【革に縫い目穴を入れて裁つ】

2つ折りの持ち手の作り方 p.044 も参考にしてください
マグネをつける p.048
立体的な貼り合わせ p.052

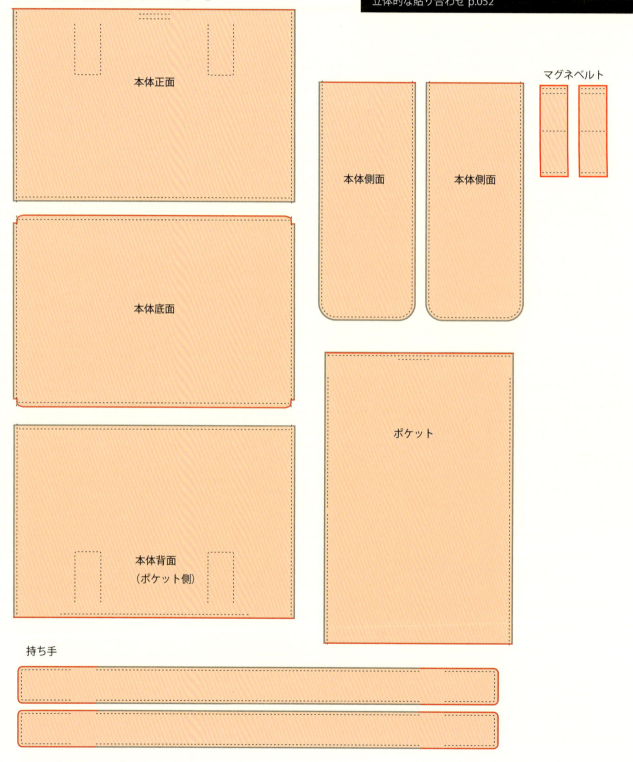

- 床面仕上げ剤を、床面と赤線の箇所のコバに塗って磨く
- 型紙の○印の箇所の床面に印をつけておく

【パーツを作り、本体につける】

1 マグネベルトを作る

マグネをつける

折り目を湿らせる

たたんで縫い目を合わせ接着し、縫う

2 ポケットを作る

折り目の箇所の革を湿らせる

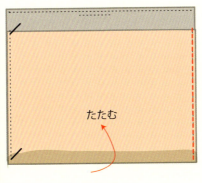
たたむ

縫い目穴を合わせて接着し、縫う。
床面仕上げ剤を塗って、コバを磨いておく

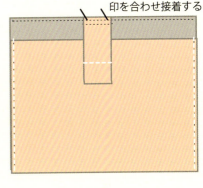
印を合わせ接着する

3 持ち手を作る

木槌で傷がつかないよう気をつけながら叩いてしっかりたたむ

縫い代に接着剤を塗る　　接着剤

床面

縫い目穴を合わせ、接着する

縫う

コバに床面仕上げ剤を塗り磨く

★縫上がりの状態。縫い目が浮いているようなら、木槌の背で軽く叩いて馴染ませてから、コバの処理をする

105

【本体を作る】

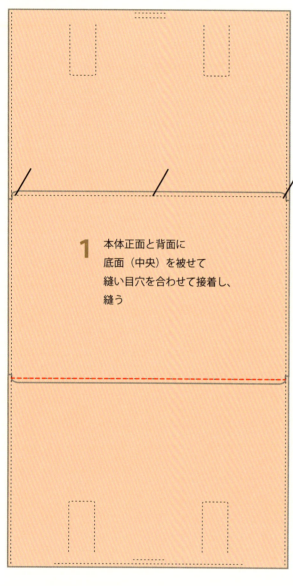

1 本体正面と背面に底面（中央）を被せて縫い目穴を合わせて接着し、縫う

2 本体側面を湿らせて縫い代を外側に曲げる

本体側面

3 本体側面を、縫い目穴を合わせて接着し、縫う

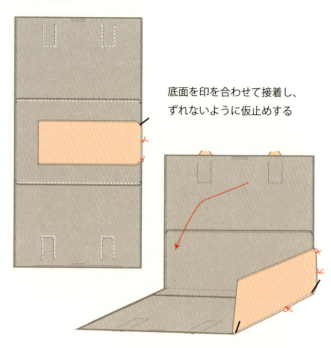

底面を印を合わせて接着し、ずれないように仮止めする

106

4 持ち手を本体につける。
縫い目穴を合わせて接着し、
縫う

縫い上がり

本体正面

本体側面

本体底面

5 マグネベルトを本体正面に縫い目穴を合わせて接着し、縫う

縫う

6 マグネベルトとポケットをいっぺんに本体背面に縫い目穴を合わせて接着する

持ち手を避けながら縫う

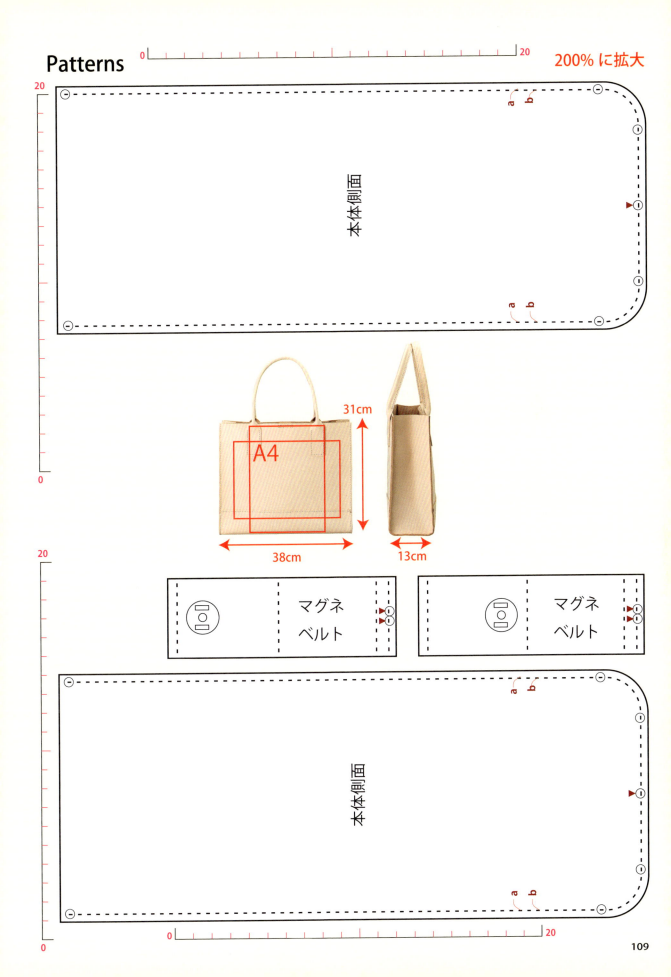

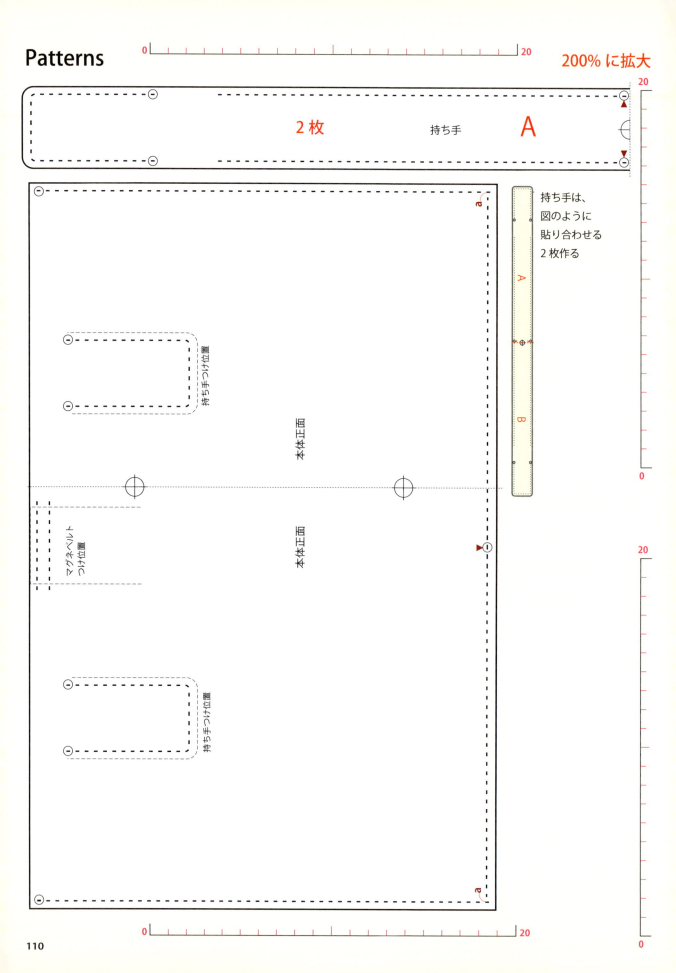

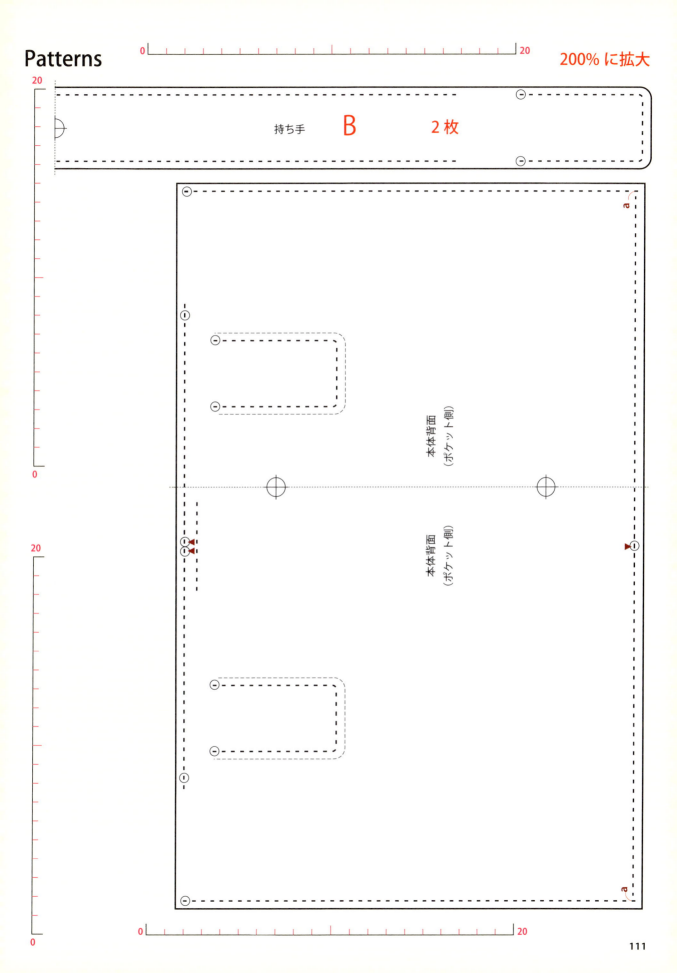

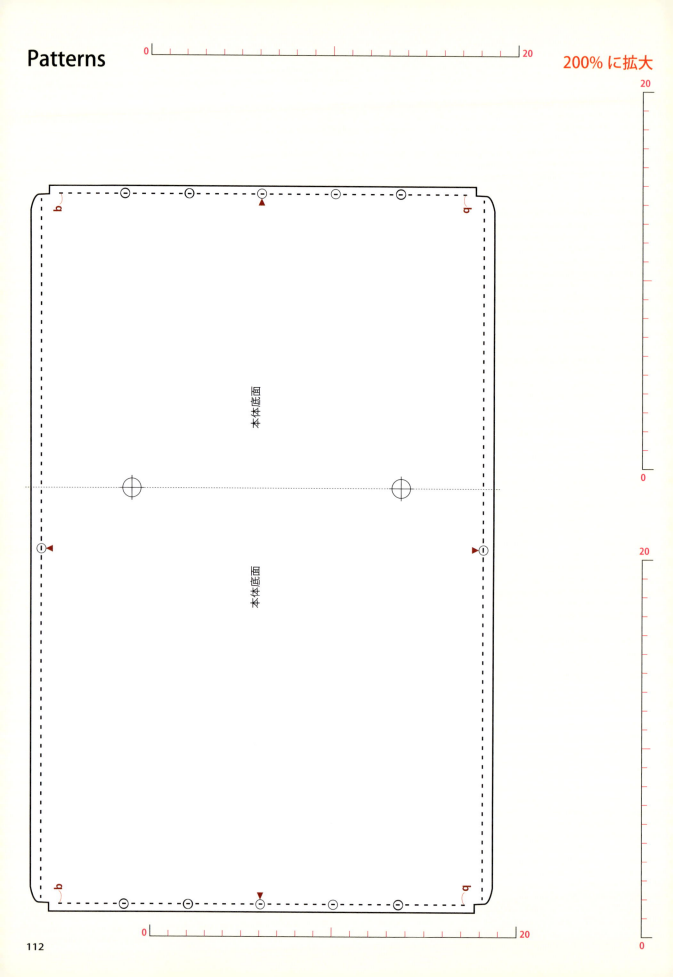

Patterns

200% に拡大

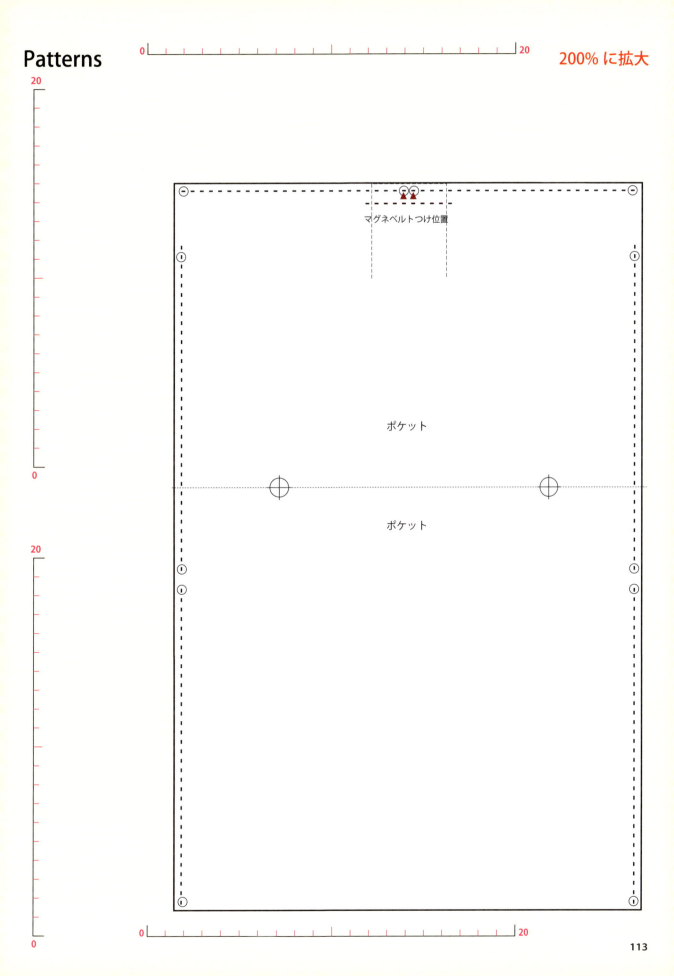

Tanned Leather Bag　No.008
馬蹄形トートバッグ

Front

Side

Detail

How to make

【革に縫い目穴を入れて裁つ】

肩紐の作り方と型紙 p.040〜047
　周囲にステッチを入れています
2つ折りの持ち手の作り方 p.044 も参考にしてください
ギボシをつける p.048
立体的な貼り合わせ p.052

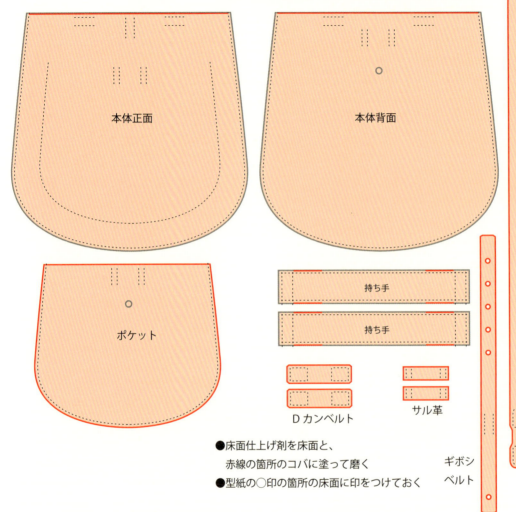

● 床面仕上げ剤を床面と、
　赤線の箇所のコバに塗って磨く
● 型紙の○印の箇所の床面に印をつけておく

【パーツを作り、本体につける】

1 持ち手を作る

両側から、印の位置まで縫う

持ち手を湿らせて、印の位置まで、
縫い目穴を合わせてたたむ

縫う

★持ち手に1周ステッチを入れたい場合は、
　そのまま端まで縫う
　床面仕上げ剤をコバに塗って磨く

2 ポケットにギボシベルト用のサル革を、縫い目穴を合わせて接着し、縫う。ギボシをつける

3 本体正面にギボシベルトとポケットを、縫い目穴を合わせて接着し、縫う

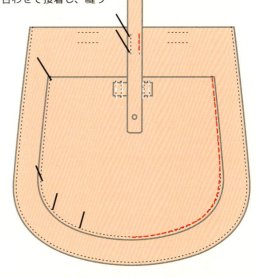

4 持ち手を本体の裏側に、縫い目穴を合わせて接着し、縫う

5 本体背面にギボシベルト用のサル革を、縫い目穴を合わせて接着し、縫う。持ち手を、本体正面と同様に本体の裏側に縫い目穴を合わせて接着し、縫う

6 Dカンベルトを湿らせ、半分にたたむ　　Dカンベルトに Dカンを挟んで、本体側面（上）に縫い目穴を合わせて接着し、縫う

 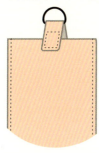 

【本体を作る】

1 本体側面と本体底面を縫い目穴を合わせて接着し、縫う

2 本体背面の縫い代を湿らせて曲げる

3 本体背面に本体側面を、縫い目穴を合わせて接着し、ずれないように仮止めしておく

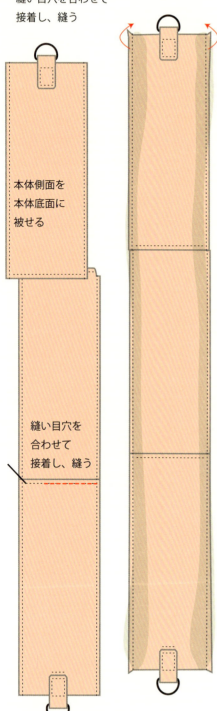

本体側面を本体底面に被せる

縫い目穴を合わせて接着し、縫う

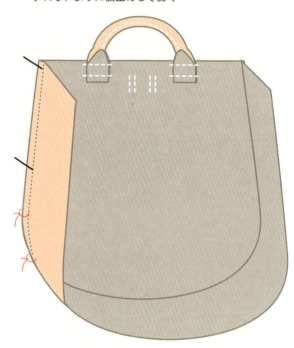

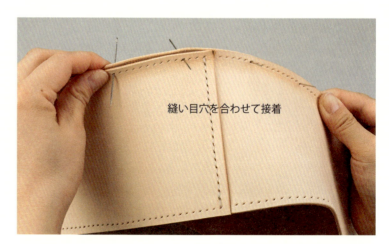

縫い目穴を合わせて接着

ずれないように仮止め

4 本体背面に本体側面を、縫い目穴を合わせて接着し、ずれないように仮止めし、縫う

肩紐が2枚仕立ての場合

革を折り返す箇所は貼らない、　　片側に重ねて貼る

表に返して、裏の革まで縫い目穴を開ける

ここは3枚合わせになる

縫い目穴を合わせて接着する

★厚くなりすぎないように、薄い革を貼ることをお勧めします。

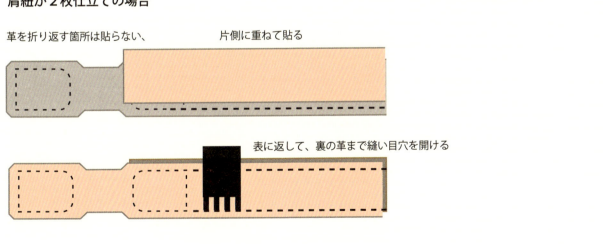

Patterns

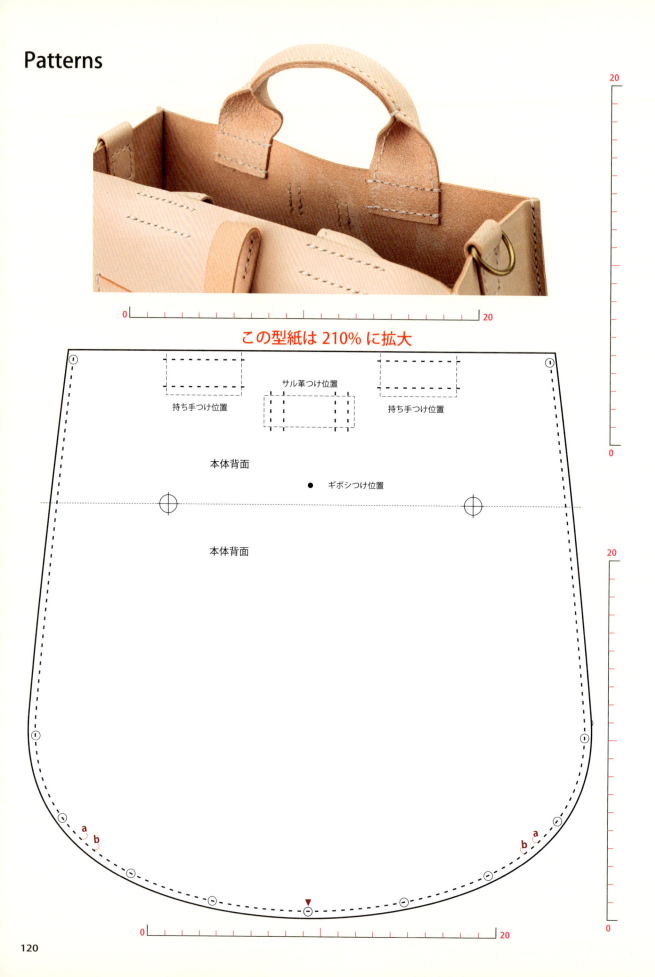

Patterns

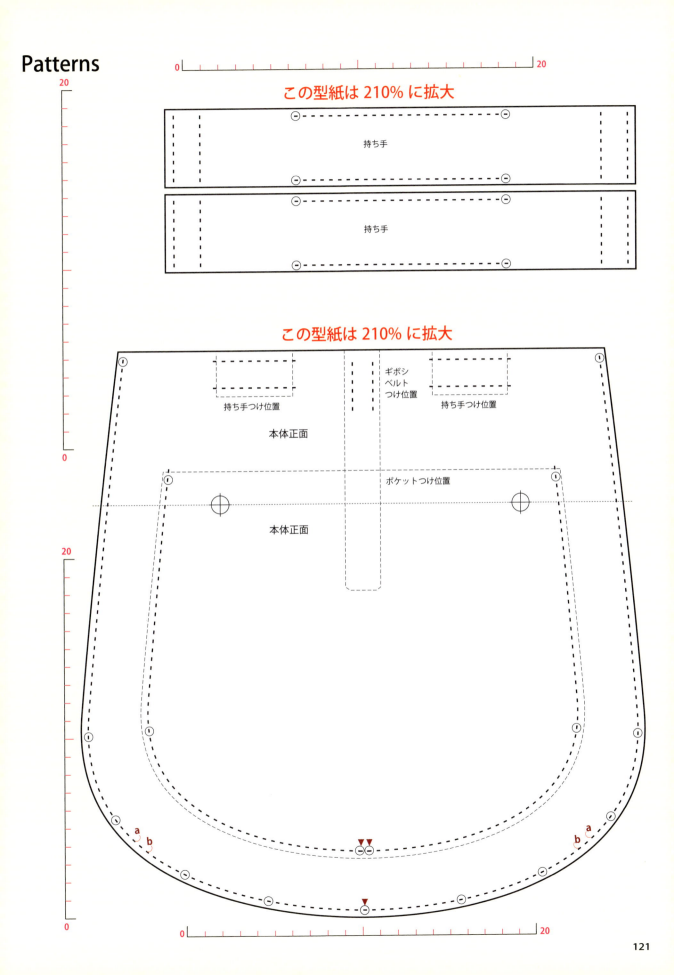

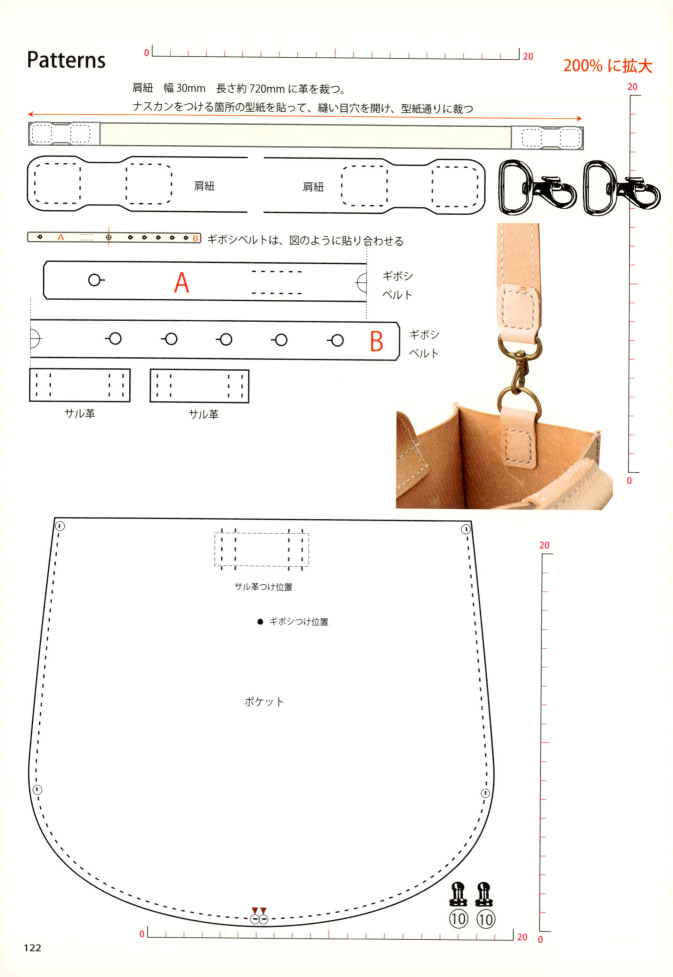

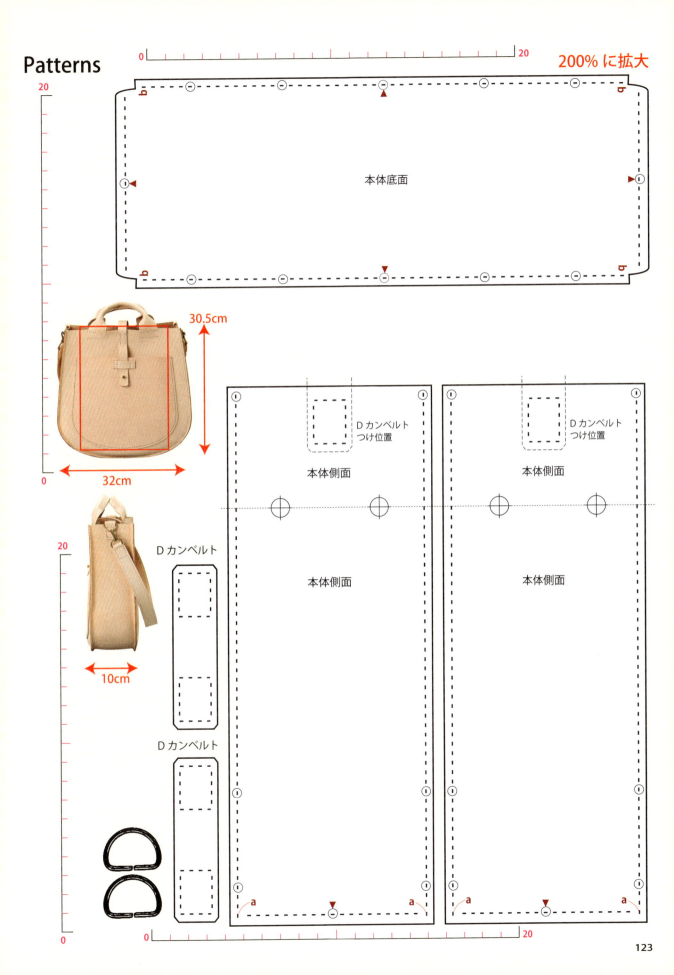

Tanned Leather Bag　No.009
バケツ形トートバッグ

Front

Side

Detail

How to make

シンプルな持ち手の作り方 p.040〜045
2枚仕立てで、周囲にステッチを入れています
縫い代を被せて縫う p.053

【革に縫い目穴を入れて裁つ】

- 床面仕上げ剤を、床面と赤線の箇所のコバに塗って磨く
- 型紙の○印の箇所の床面に印をつけておく

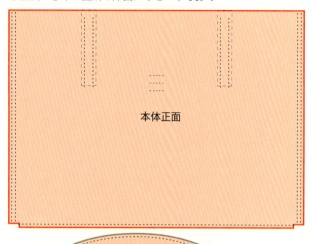
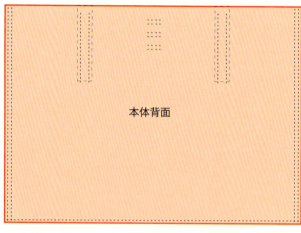

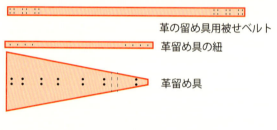

持ち手2本、それぞれ2枚合わせにする

【パーツを作り、本体につける】

1. 革の留め具の穴を、3mm程度の小さな穴のポンチで開ける

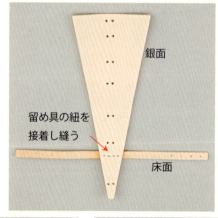
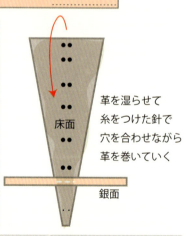

革を湿らせて糸をつけた針で穴を合わせながら革を巻いていく

糸端を結んでとめる

2 本体正面に、持ち手と革留め具の紐を縫い目穴を合わせて接着する

本体背面に、持ち手と留め用ベルトを縫い目穴を合わせて接着する

【本体を作る】

1 本体背面を本体正面に被せ、縫い目穴を合わせて接着し縫う

本体背面が上
本体正面が下

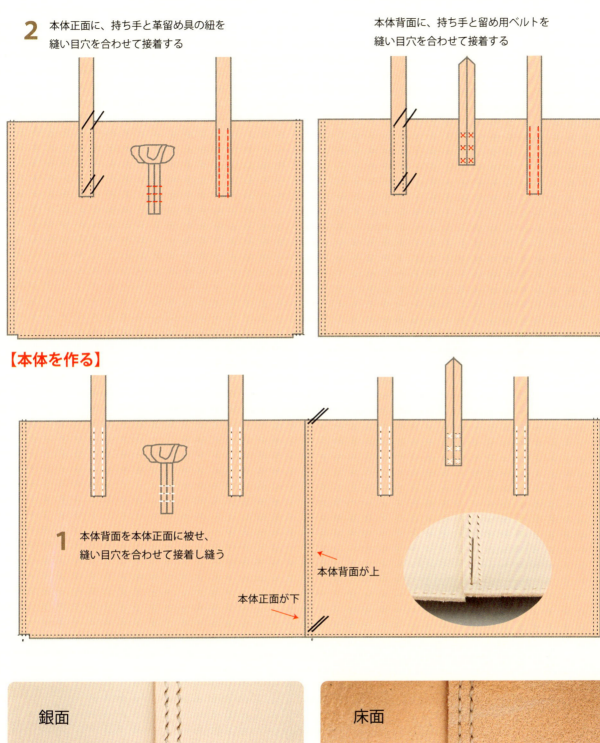

銀面　　　床面

2 側面の縫い目穴を合わせて接着し、筒にする

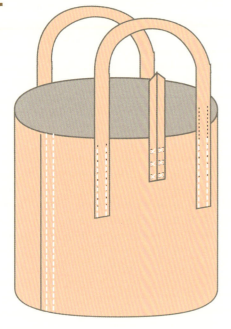

縫う

縫い上がり

3 本体底面の縫い代を湿らせて、内側に曲げる

床面

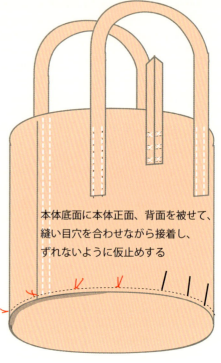

本体底面に本体正面、背面を被せて、縫い目穴を合わせながら接着し、ずれないように仮止めする

バッグの内側から押さえながら、縫い進める

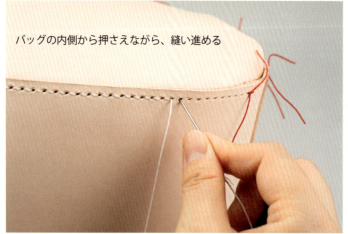

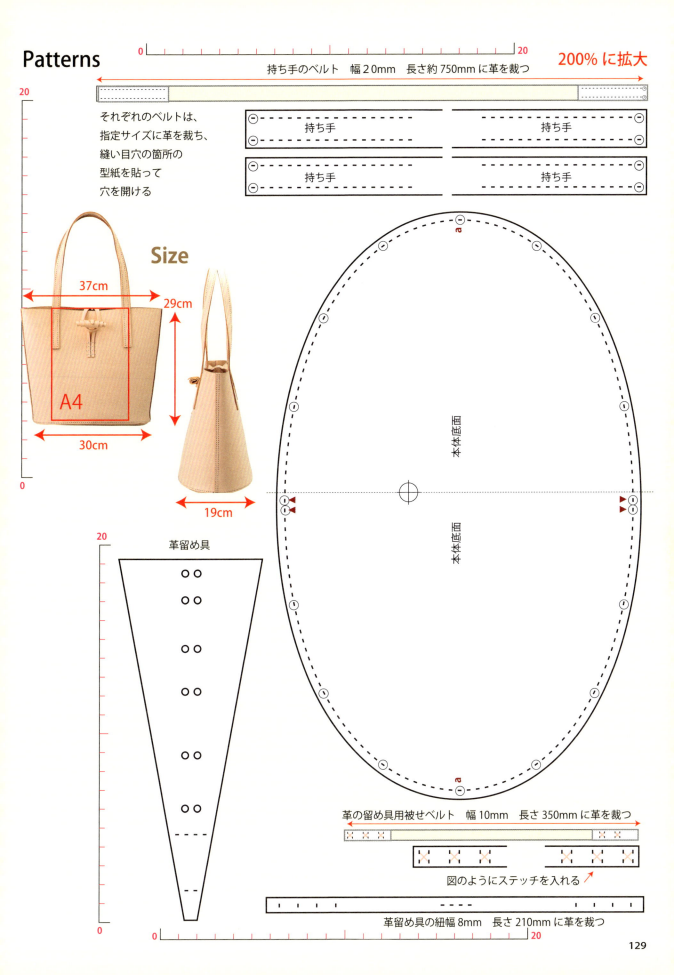

Patterns

200% に拡大

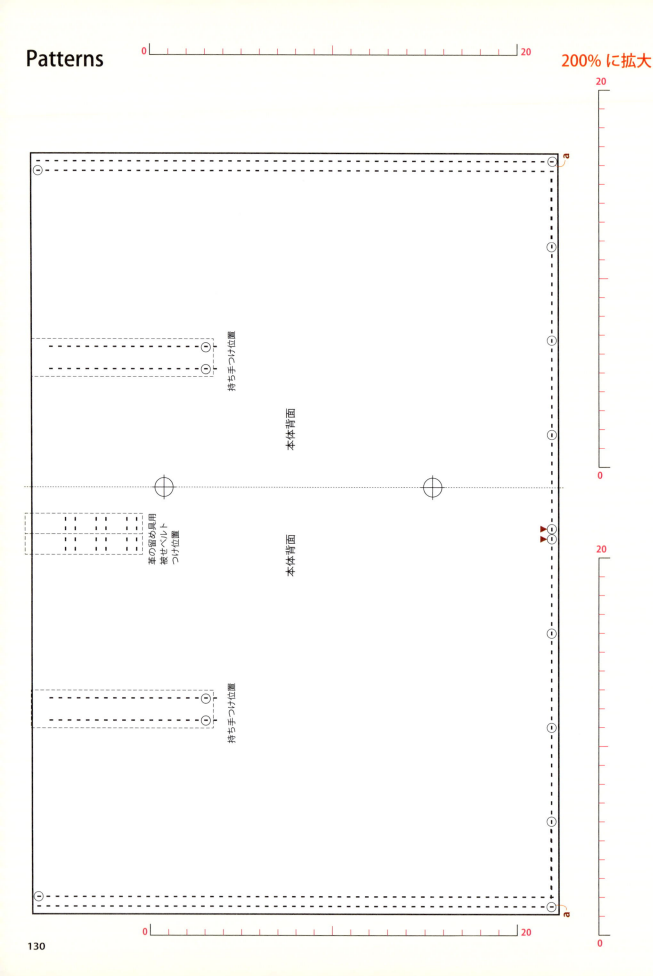

Patterns

200% に拡大

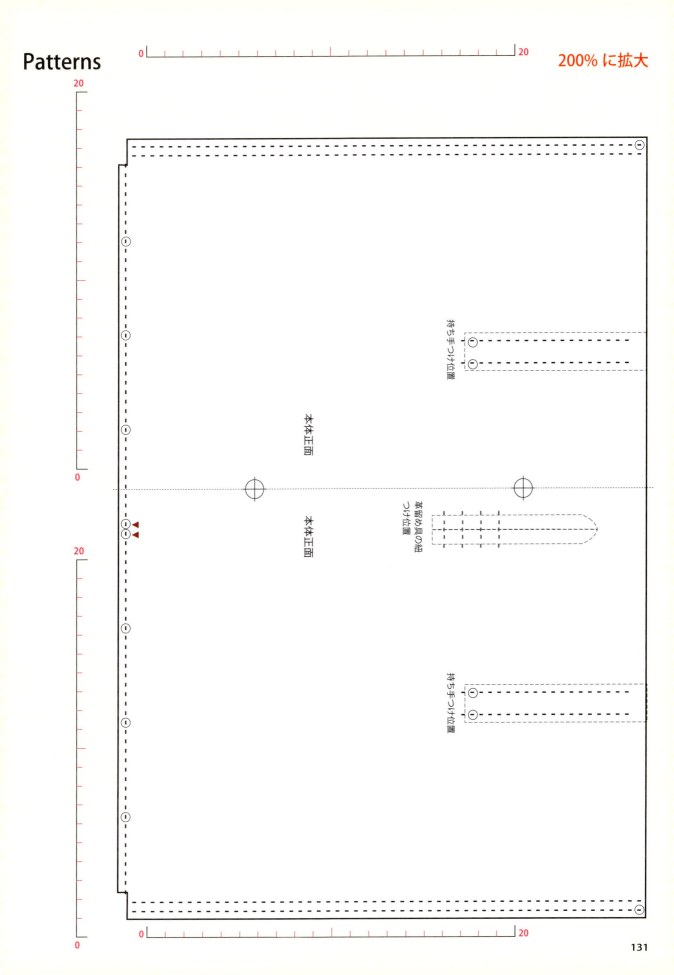

Tanned Leather Bag　No.010
メッセンジャーバッグ

How to make

【革に縫い目穴を入れて裁つ】

- 床面仕上げ剤を床面と、赤線の箇所のコバに塗って磨く
- 型紙の○印の箇所の床面に印をつけておく

肩紐の作り方と型紙 p.040〜047
　周囲にステッチを入れています
２つ折りの持ち手の作り方 p.044 も参考にしてください
バックルベルトの作り方 p.046、047
縫い代を被せて縫う p.053
３枚以上を一度に縫う p.058

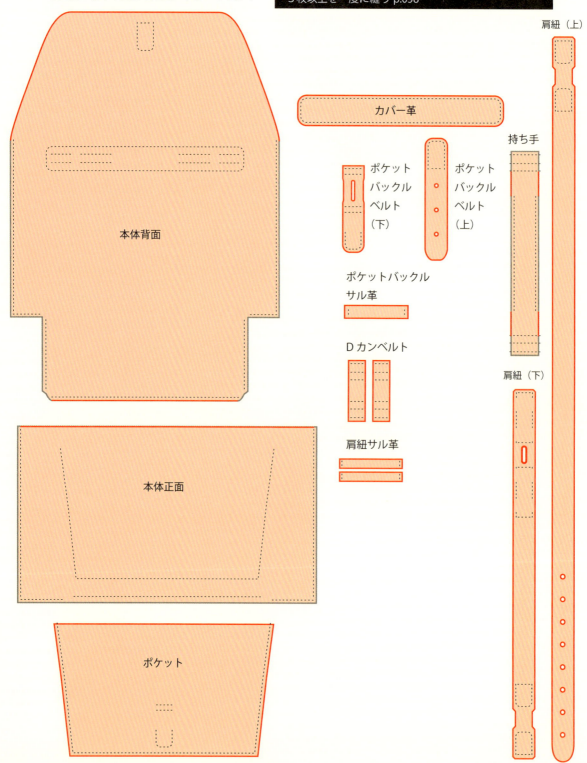

【パーツを作り、本体につける】

1 持ち手を湿らせる

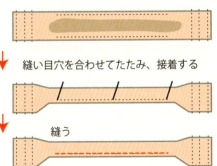

↓ 縫い目穴を合わせてたたみ、接着する

↓ 縫う

床面仕上げ剤をコバに塗って磨く

2 Dカンベルトを湿らせる

Dカンを挟み、縫い目穴を合わせて接着する

3 ポケットのバックルベルトを作る

サル革を湿らせる

たたんで輪にする

↓ 縫う

バックルベルトにバックを通す

サル革を通す

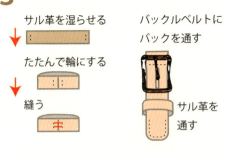

湿らせて、縫い目穴を合わせてたたみ、接着する

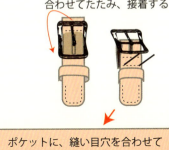

↓

ポケットに、縫い目穴を合わせて接着する

↓ 縫う

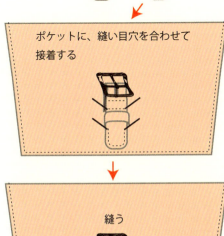

4 本体にポケットをつける

縫い目穴を合わせて接着する

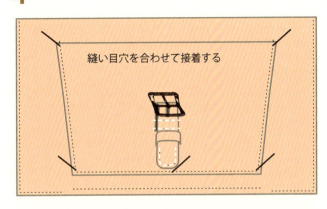

縫う

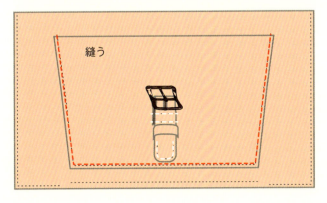

5 Dカンベルトと持ち手を、縫い目穴を合わせて本体背面に接着する

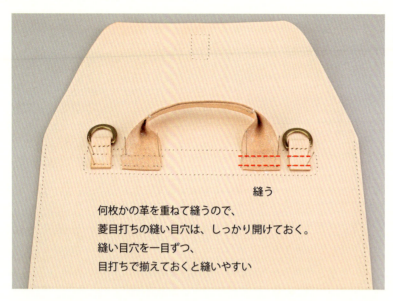

縫う

何枚かの革を重ねて縫うので、
菱目打ちの縫い目穴は、しっかり開けておく。
縫い目穴を一目ずつ、
目打ちで揃えておくと縫いやすい

6 カバー革を、縫い目穴を合わせて本体背面に接着する

7 カバー革を縫う

縫い上がり

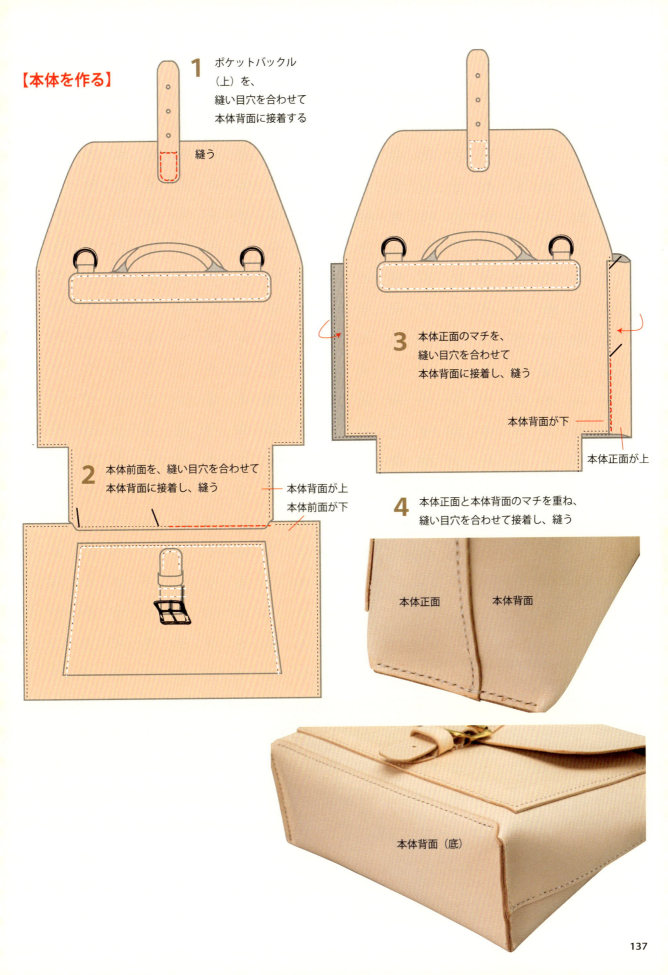

Patterns

200% に拡大

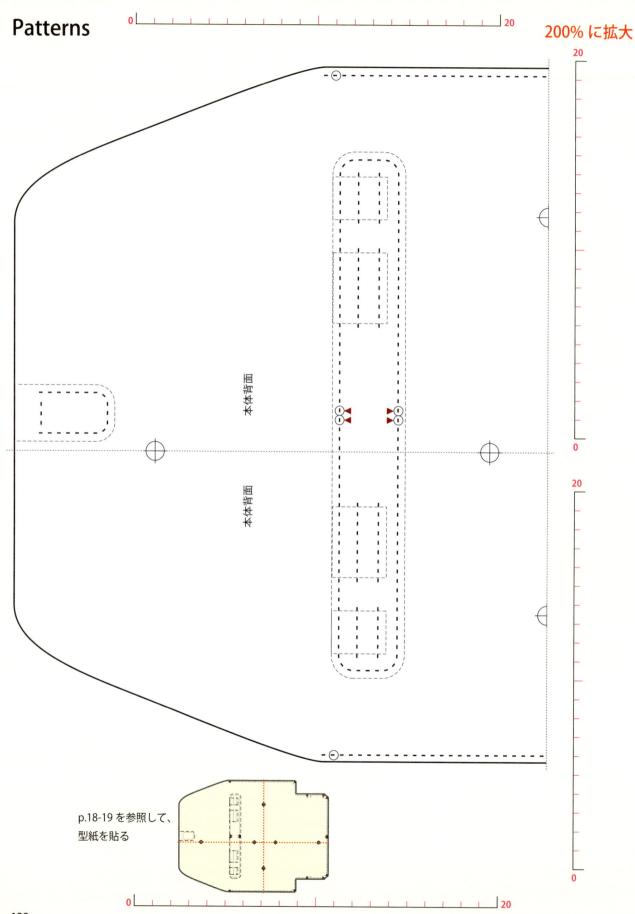

p.18-19を参照して、型紙を貼る

Patterns

200% に拡大

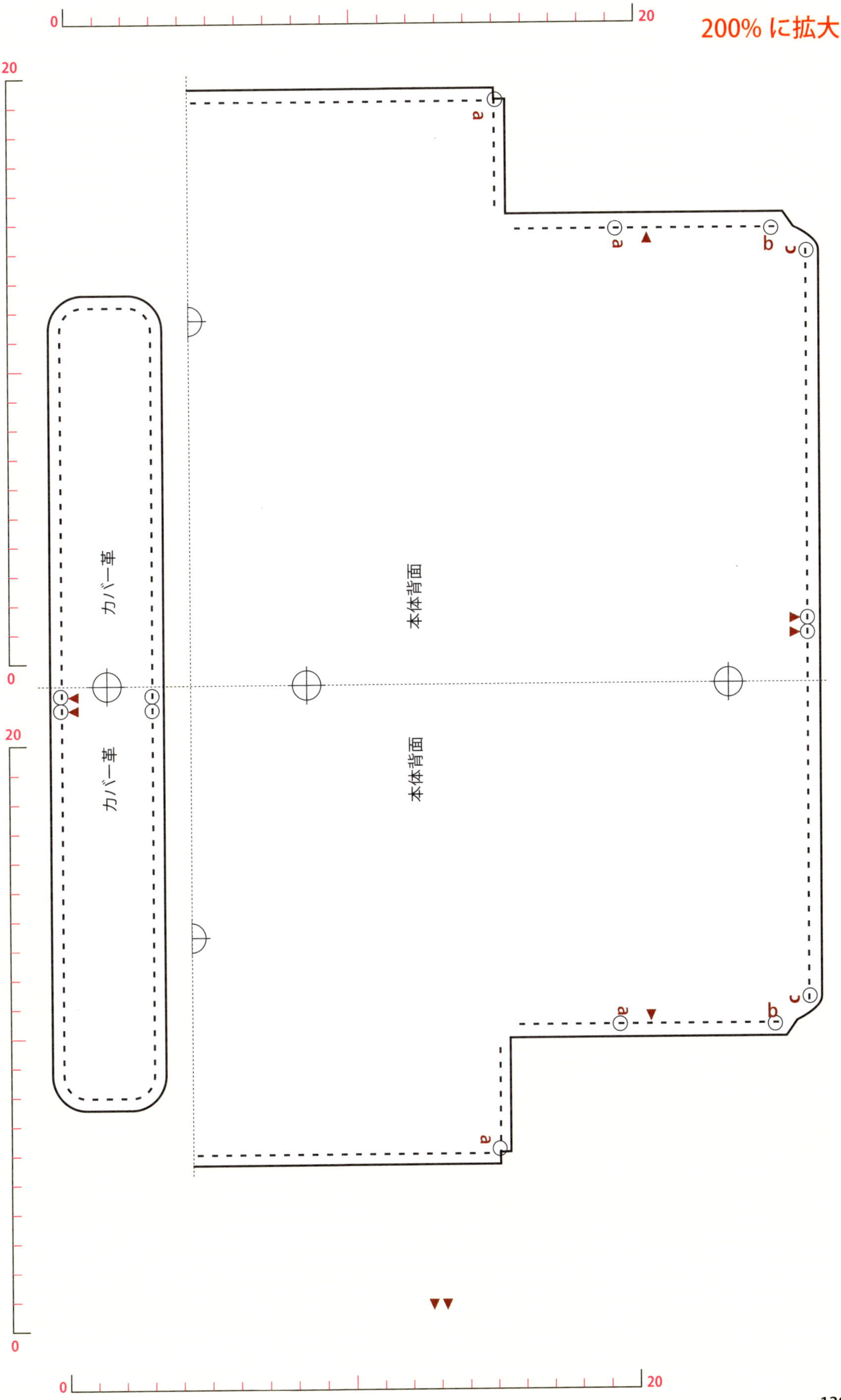

カバー革

本体背面

Patterns

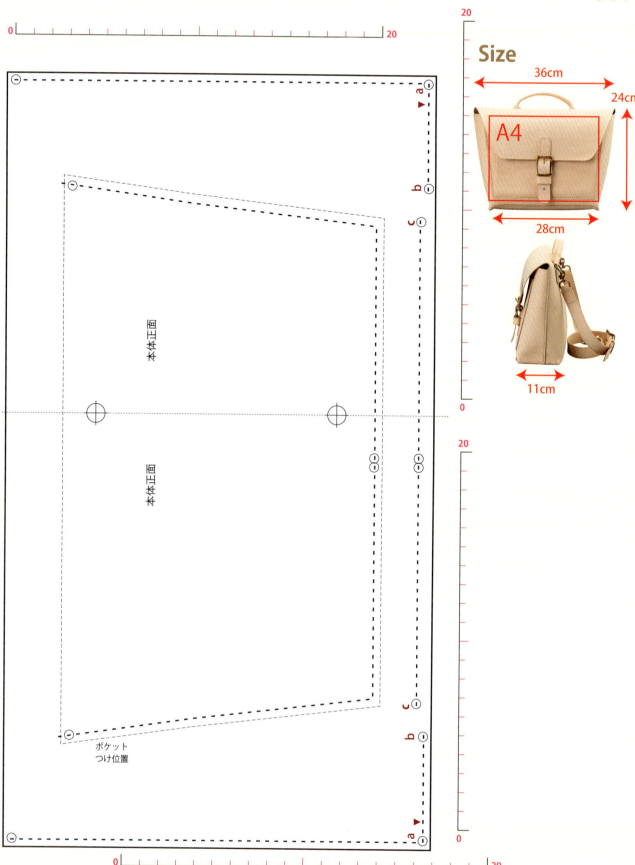

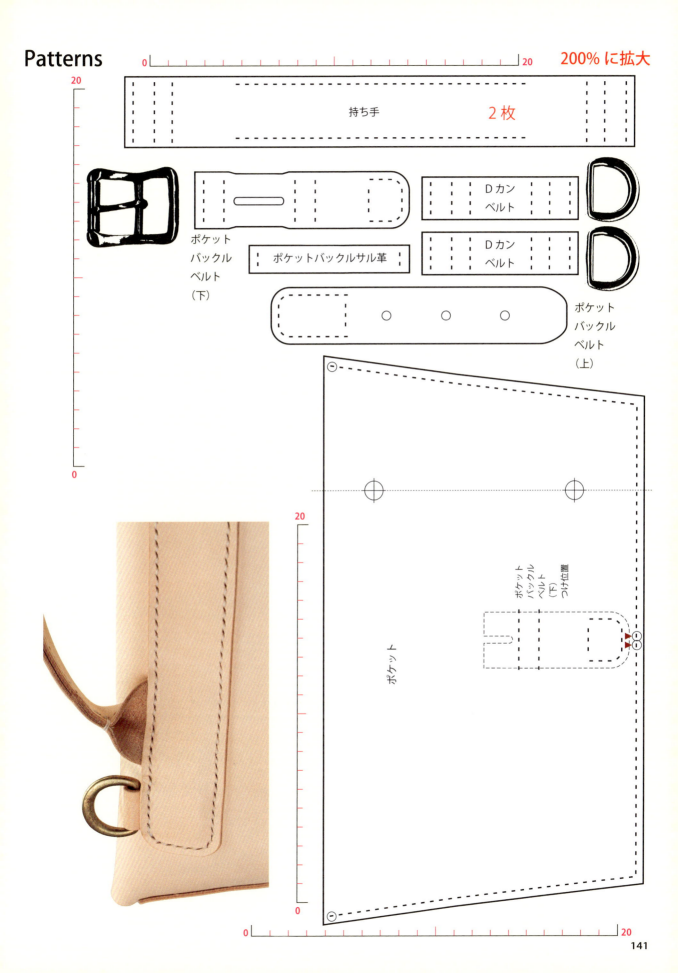

Tanned Leather Bag　No.011
円形ハンドバッグ

Front

Side

Detail

How to make

【革に縫い目穴を入れて裁つ】

- 床面仕上げ剤を、床面と赤線の箇所のコバに塗って磨く
- 型紙の○印の箇所の床面に印をつけておく

肩紐の作り方と型紙 p.040〜047
　周囲にステッチを入れています
シンプルな持ち手の作り方 p.040〜043
　2枚仕立てで、周囲にステッチを入れています
ギボシをつける p.048
ファスナーをつける p.050、051
縫い代を被せて縫う p.053

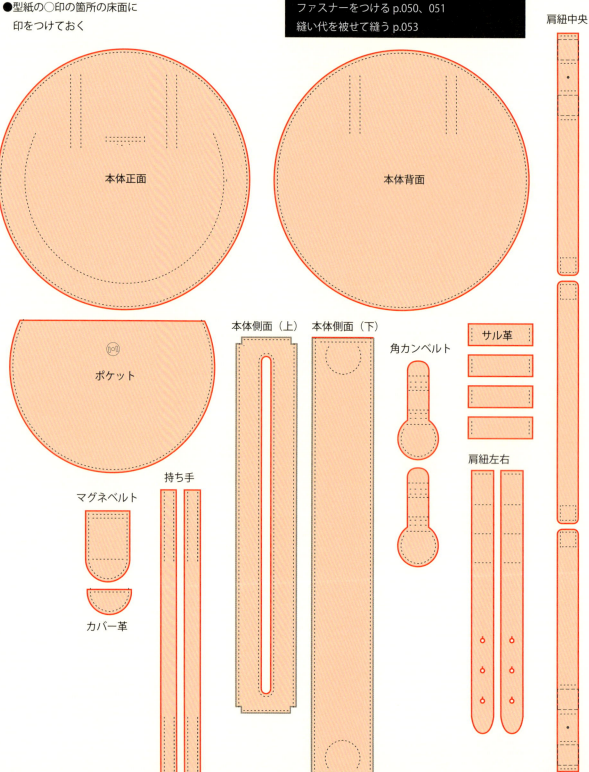

【パーツを作り、本体につける】

1 ポケットにマグネをつける

5 本体側面（上）に、ファスナーをつける

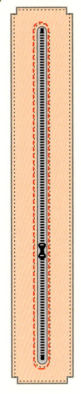

6 本体側面（下）に、角カンをつける

角カンベルトを湿らせる

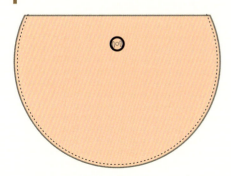

2 マグネベルトのカバーにマグネをつける

3 マグネベルトにカバーを、縫い目穴を合わせて接着し、縫う

角カンベルトに、角カンを通して縫い目穴を合わせ、接着し、縫う

ここは、縫わない

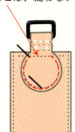

本体側面（下）に、縫い目穴を合わせ、接着し、縫う

4 本体正面に、マグネベルト、ポケットの順に、縫い目穴を合わせて接着し、縫う

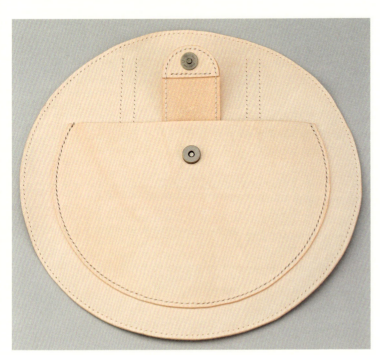

145

【本体を作る】

1 本体側面（上）に本体側面（下）を被せ、縫い目穴を合わせて、接着し、縫う

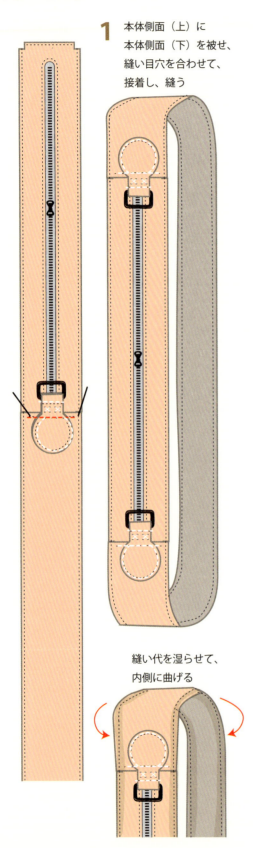

縫い代を湿らせて、内側に曲げる

2 本体側面に本体背面を被せ、縫い目穴を合わせて、接着し、ずれないように仮止めする。縫う

3 本体側面に本体正面を被せ、縫い目穴を合わせて、接着し、ずれないように仮止めする。縫う

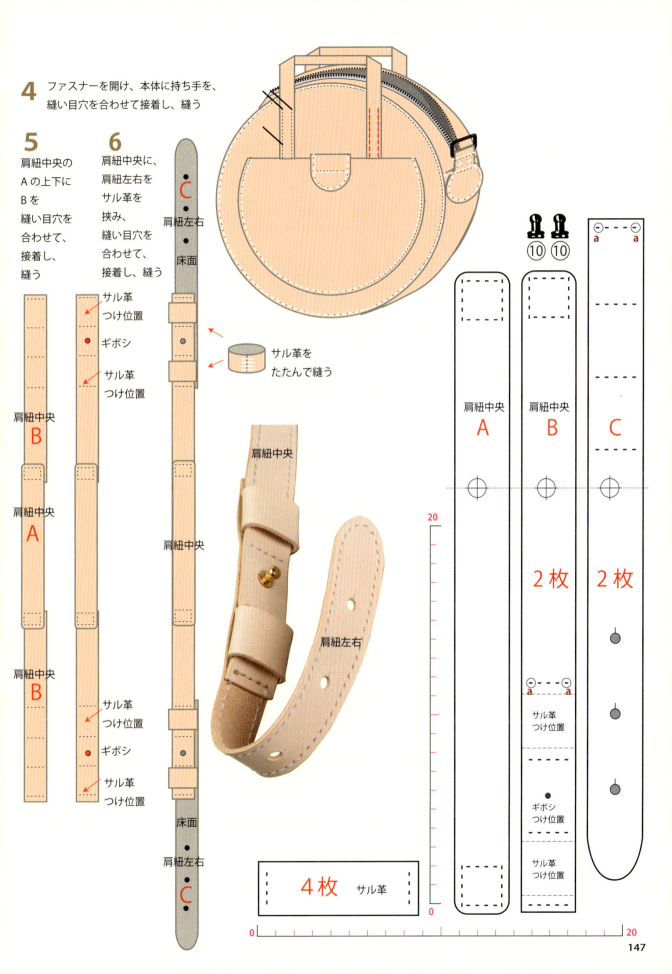

Patterns

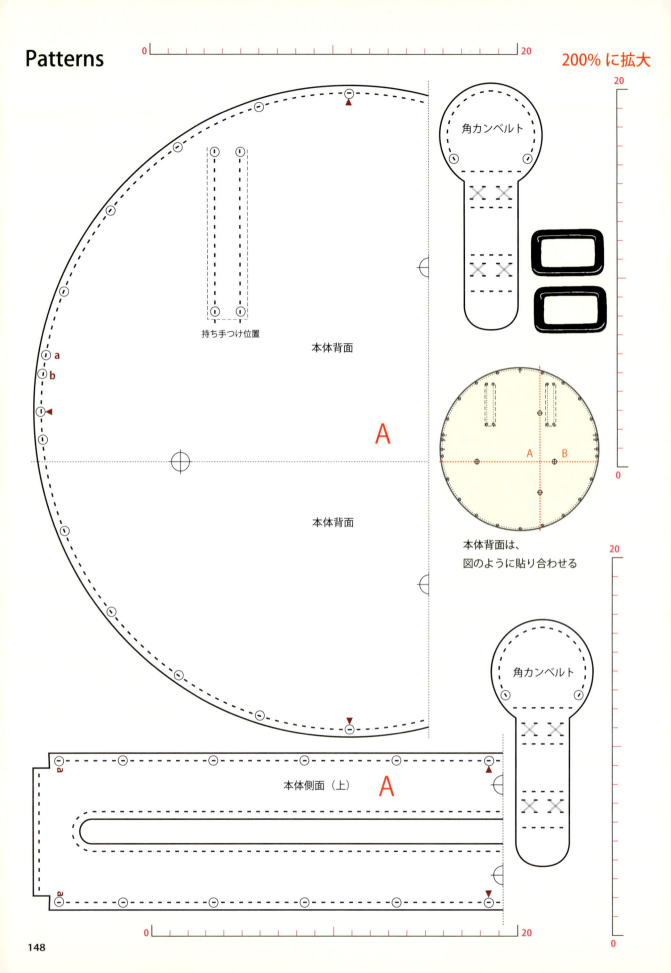

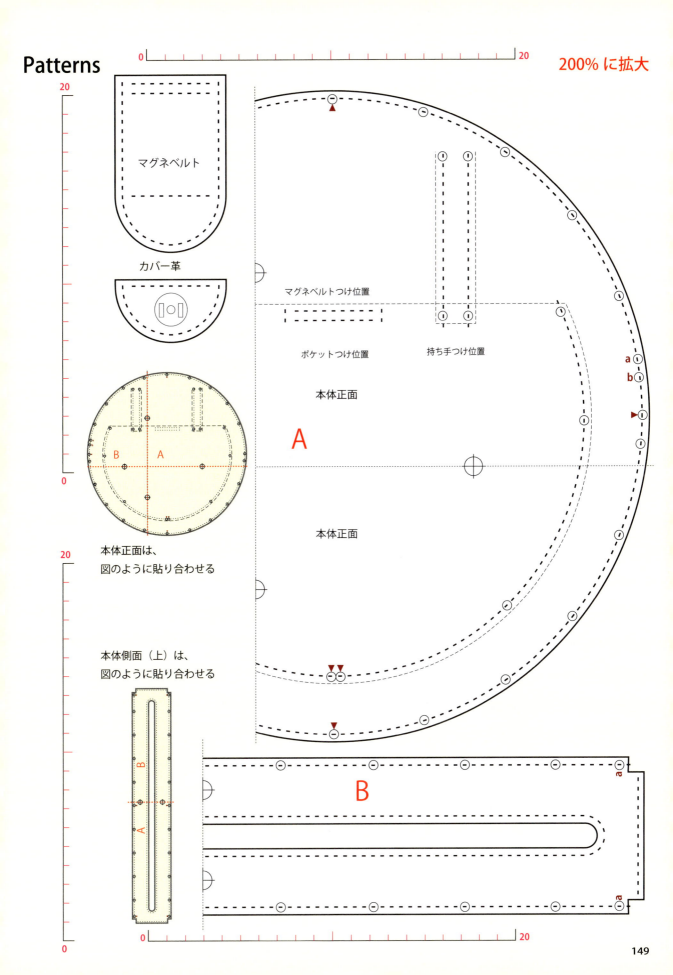

Patterns

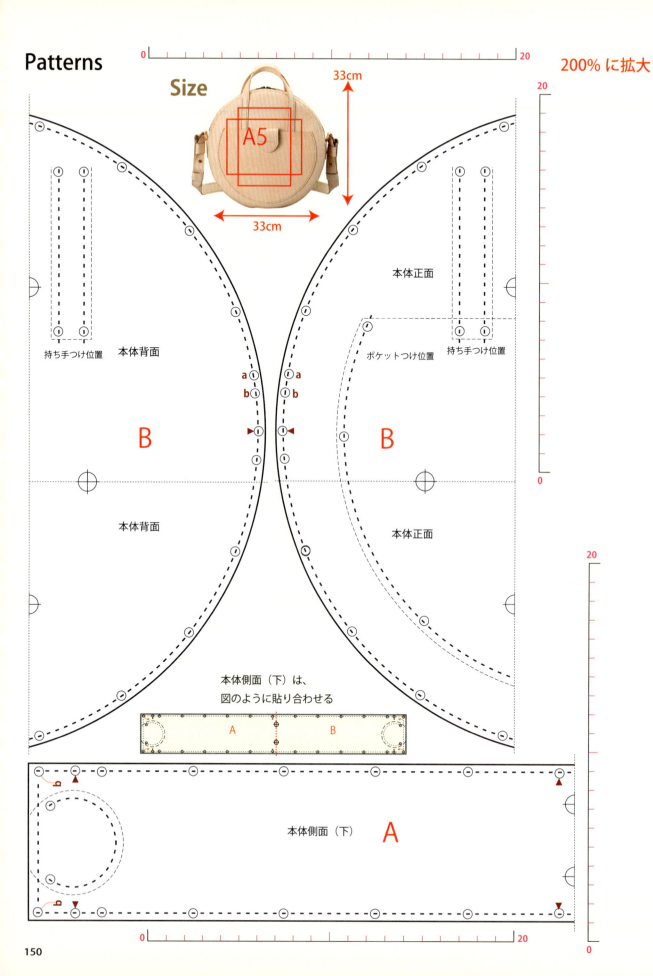

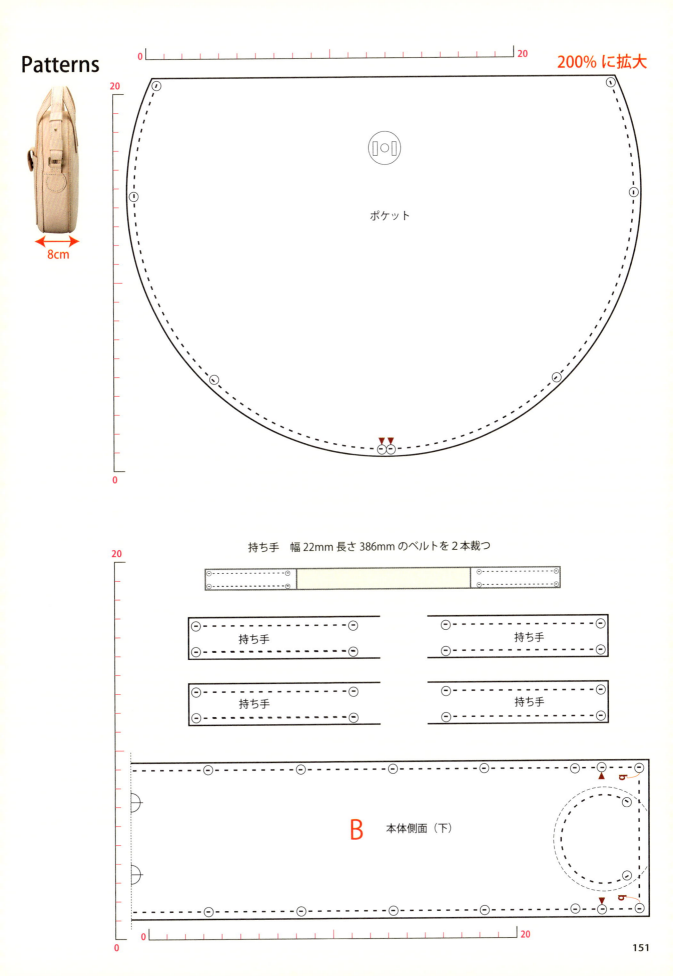

Tanned Leather Bag　No.012
小さなハンドバッグ

How to make

【革に縫い目穴を入れて裁つ】

持ち手の作り方 p.040〜045 も参考にしてください
ファスナーをつける p.050、051
立体的な貼り合わせ p.052

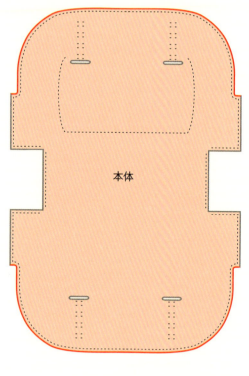

- 床面仕上げ剤を、床面と赤線の箇所のコバに塗って磨く
- 型紙の○印の箇所の床面に印をつけておく

【パーツを作り、本体につける】

1 ポケットを本体に、縫い目穴を合わせて接着し、縫う

2 持ち手を湿らせて、半分にたたむ。
図の箇所の、縫い目穴を合わせて接着し、縫う

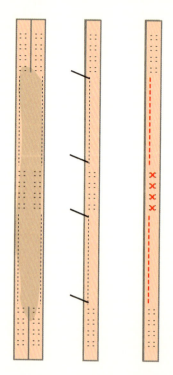

【本体を作る】

1 ファスナーと本体の床面に印を入る。
ファスナーと本体の片側を印を合わせて接着し、
端の印のところまで縫う

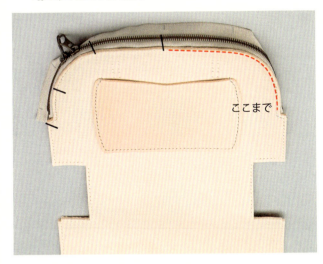
ここまで

2 本体を折り、もう一方も、ファスナーを
印を合わせて接着し、端の印のところまで縫う

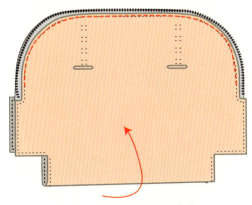

3 ファスナーを開き、持ち手を本体に
縫い目穴を合わせて接着し、縫う

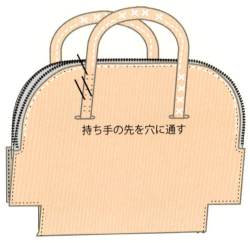
持ち手の先を穴に通す

4 本体の側面を、縫い目穴を合わせて接着し、縫う

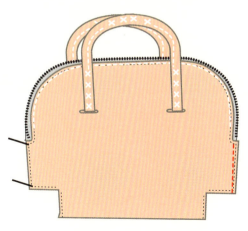

5 ファスナーを開き、縫い残したファスナーの端を
接着し、縫う、

6 本体の底面を
縫い目穴を合わせて接着し、縫う

底面

底面の中央の穴 ←
側面の中央の穴
端から縫いはじめ、
底面の中央の穴から
側面の中央の穴に
糸を通す

155

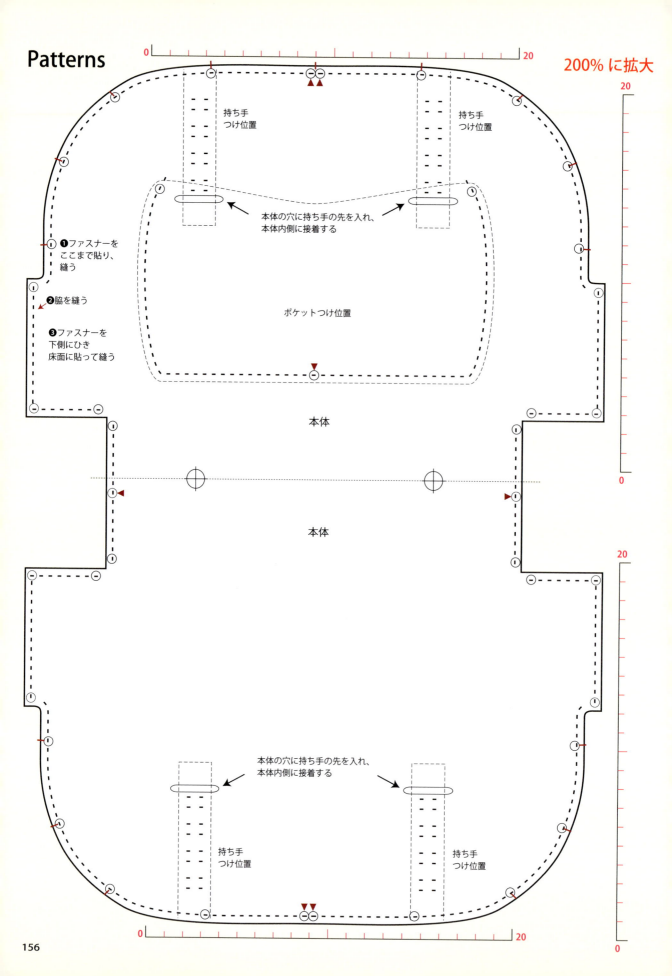

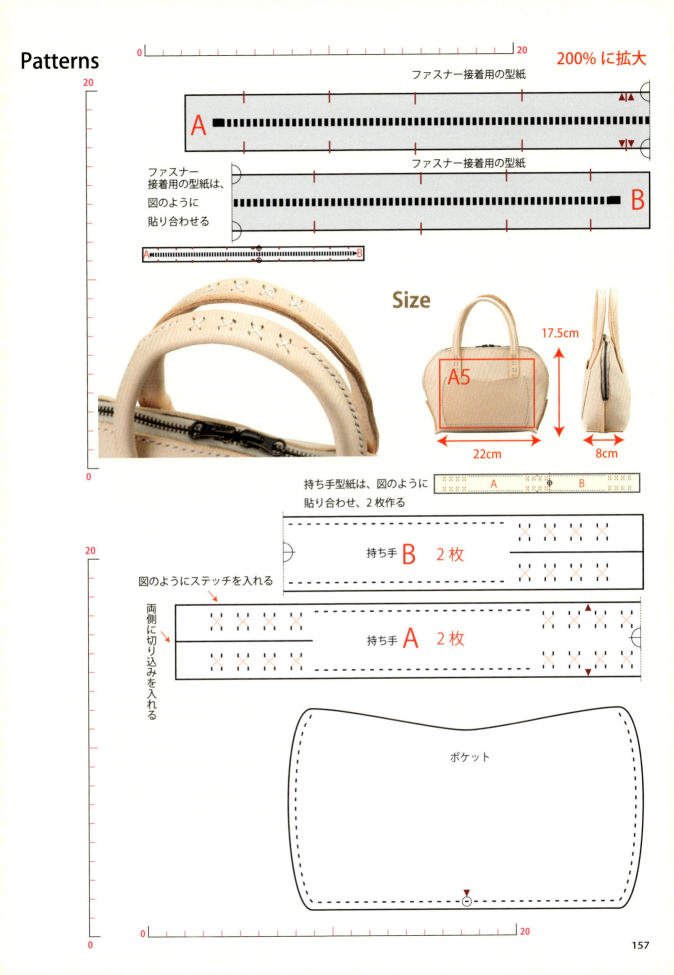

Tanned Leather Bag　No.013
フラットブリーフケース

Back

Side

Detail

How to make

【革を、縫い目穴を入れて裁つ】

シンプルな持ち手の作り方 p.040〜043
　2枚仕立てで、周囲にステッチを入れています
ギボシをつける p.048
ファスナーをつける p.050、051
3枚以上を一度に縫う p.058

- 床面仕上げ剤を、床面と赤線の箇所のコバに塗って磨く
- 型紙の○印の箇所の床面に印をつけておく

【パーツを作り、本体につける】

1 本体正面と本体背面を揃えてファスナーを接着する。

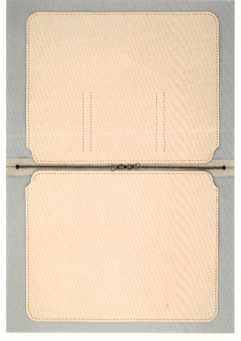
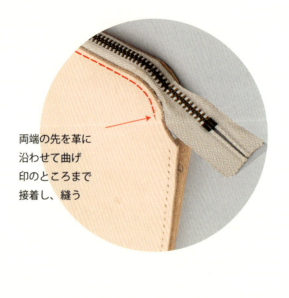

両端の先を革に沿わせて曲げ印のところまで接着し、縫う

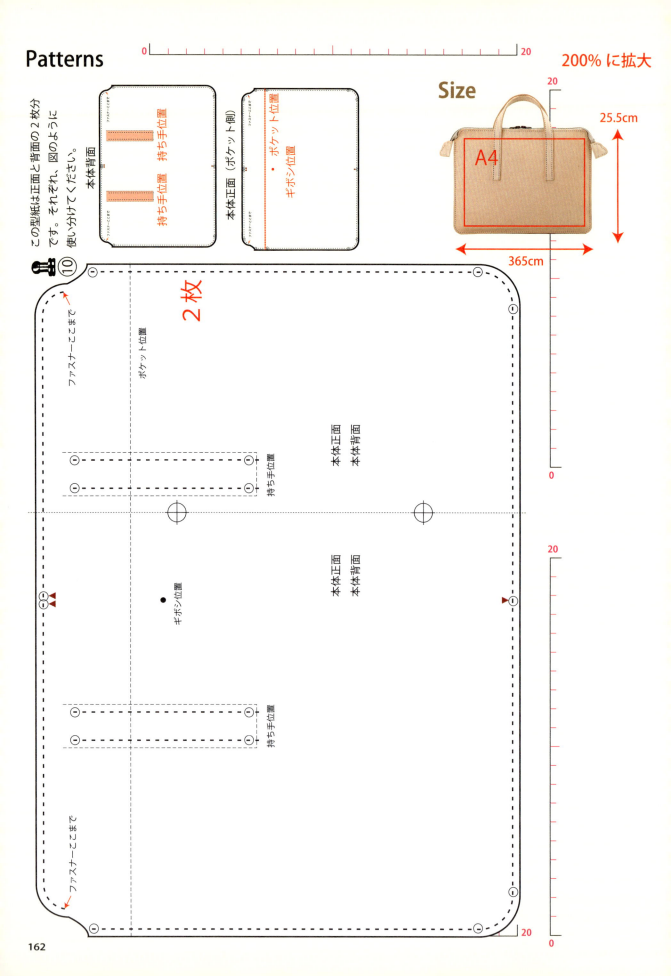

Patterns

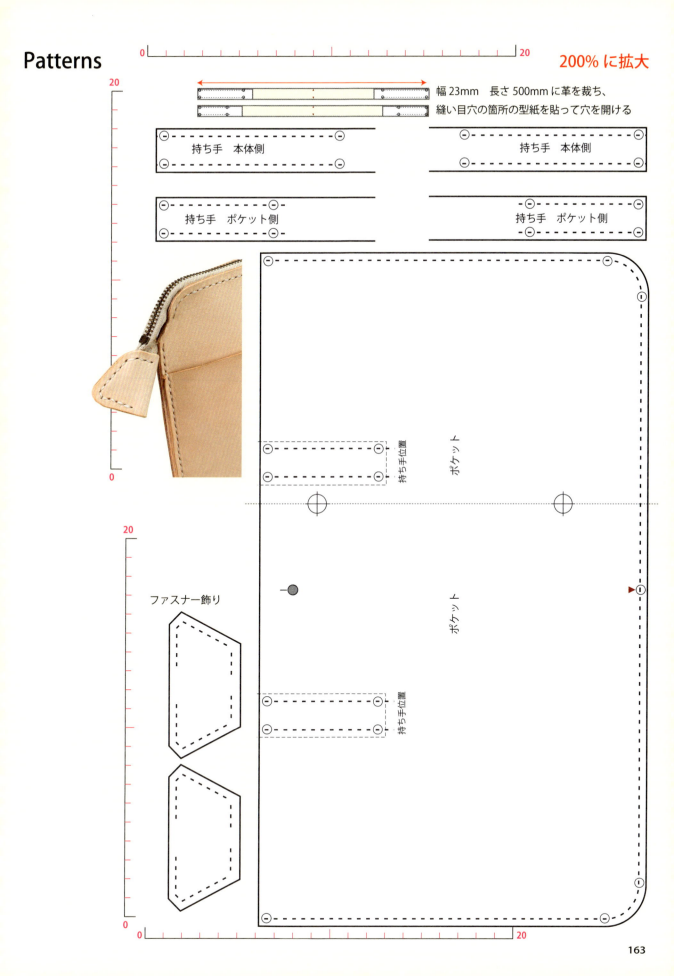

Tanned Leather Bag　No.014
ブリーフケース　フラットポケット

Front **Back**

Side

Detail

How to make

【革に縫い目穴を入れて裁つ】

シンプルな持ち手の作り方 p.040〜045
　2枚仕立てで、周囲にステッチを入れています
マグネをつける p.048
ファスナーをつける p.050、051
立体的な貼り合わせ p.052
縫い代を被せて縫う p.053

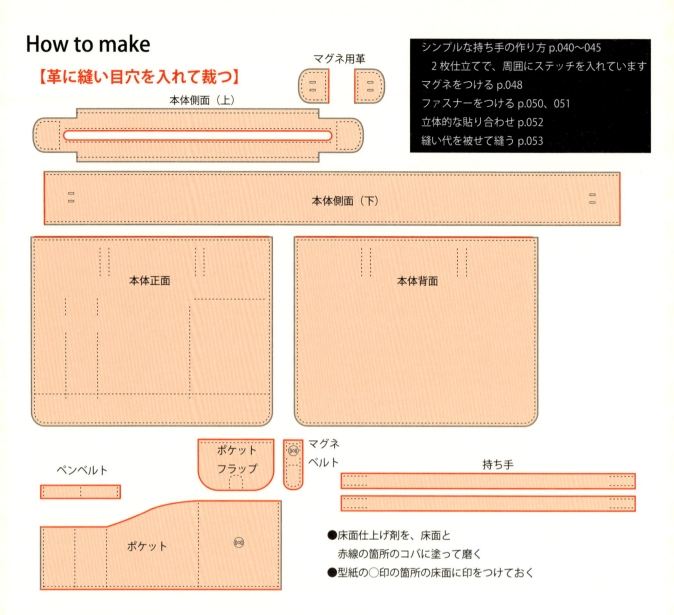

●床面仕上げ剤を、床面と赤線の箇所のコバに塗って磨く
●型紙の○印の箇所の床面に印をつけておく

【パーツを作り、本体につける】

1 本体側面（上）にファスナーをつける

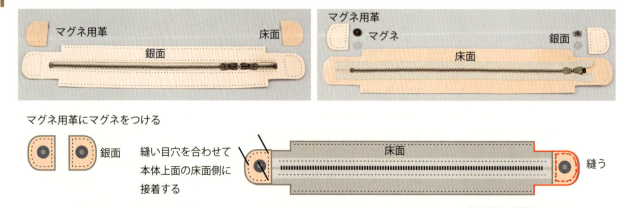

床面仕上げ剤を、赤線の箇所のコバに塗って磨く

2 持ち手を縫う

★持ち手の周囲にステッチを入れたい場合は、図の箇所を縫う

←→ 本体につける所は縫わない　　床面仕上げ剤を、コバに塗って磨く

3 マグネをつける

マグネベルトに　　湿らせてたたみ　　ポケットフラップに
マグネを付ける　　縫い目穴を合わ　　縫い目穴を合わせて
　　　　　　　　　せて接着する　　　接着し縫う

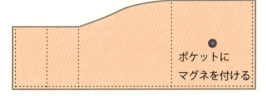

ポケットに
マグネを付ける

4 本体正面に、パーツを縫い目穴を合わせて接着する

5 本体正面、本体背面に、持ち手を縫い目穴を合わせて接着し、縫う

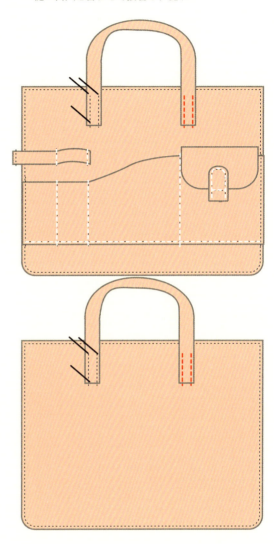

縫う

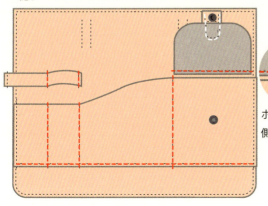

ポケットフラップの端は、
側面の縫い目まで縫う

6 本体側面（下）の両端にマグネをつける

167

Patterns

200％に拡大

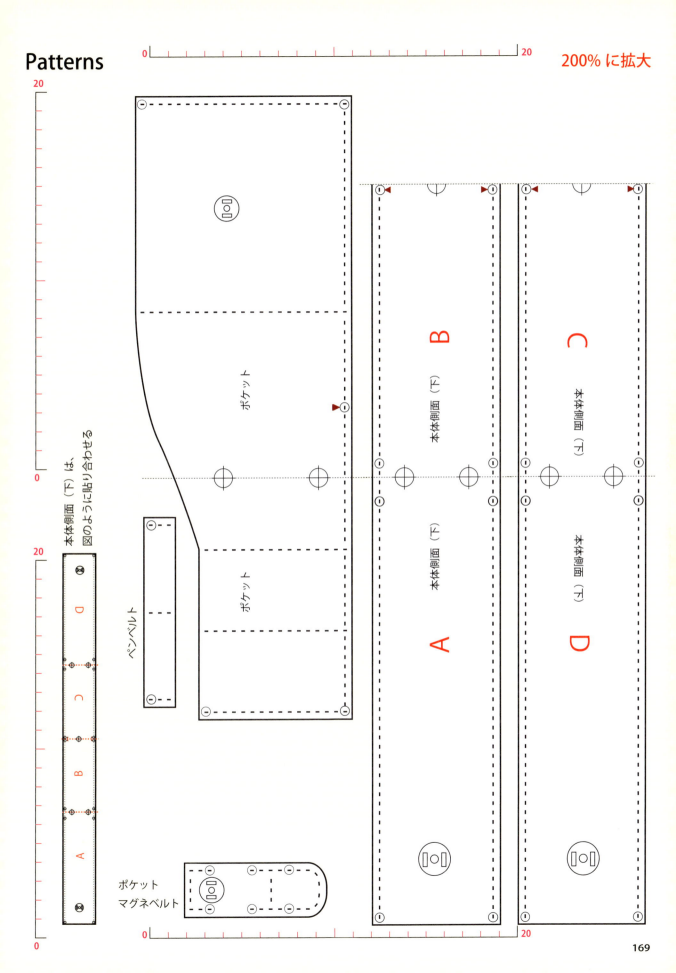

Patterns

200% に拡大

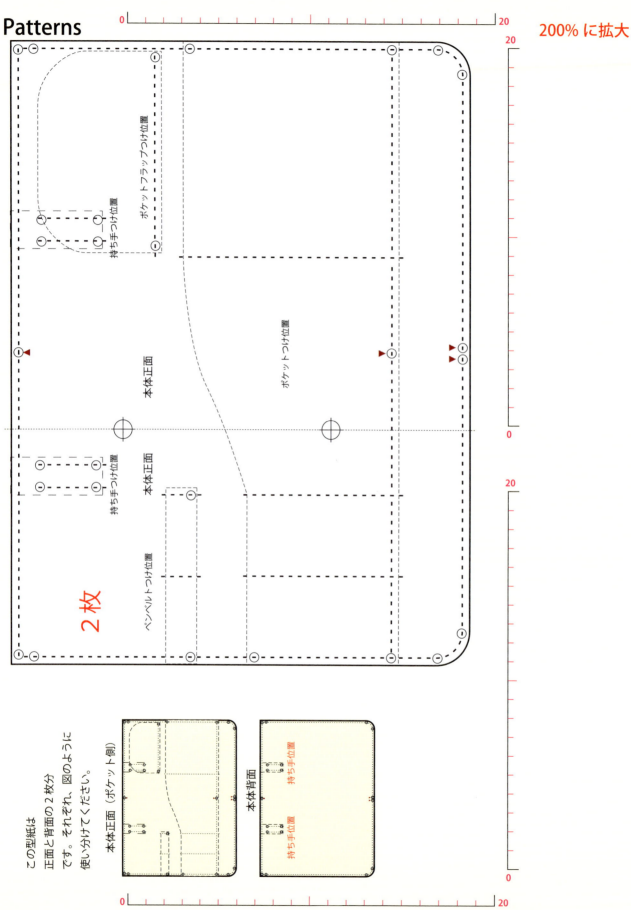

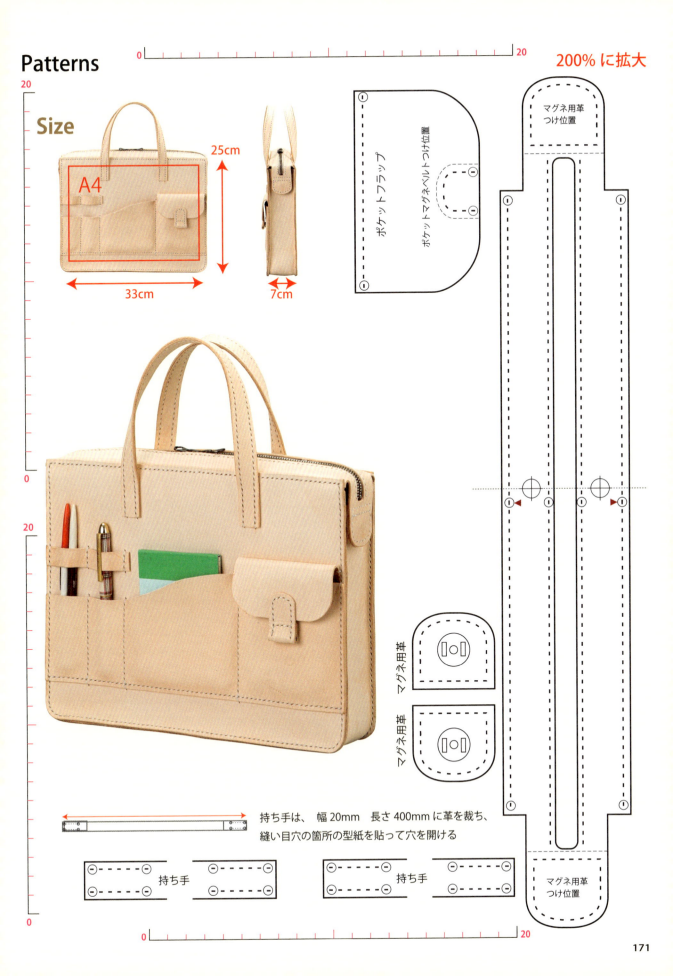

Tanned Leather Bag　No.015
ブリーフケース　立体ポケット

How to make

2つ折りの持ち手の作り方 p.044 も参考にしてください
マグネをつける p.048
ファスナーをつける p.050、051
立体的な貼り合わせ p.052
ファスナー開閉のベロ p.058 をつけると使いやすいです

【革に縫い目穴を入れて裁つ】

- 床面仕上げ剤を、床面と赤線の箇所のコバに塗って磨く
- 型紙の○印の箇所の床面に印をつけておく

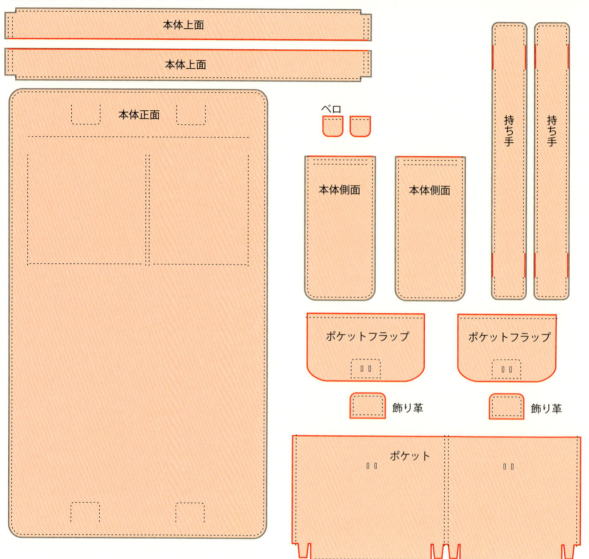

【パーツを作り、本体につける】

1 持ち手を湿らせて、印の位置まで縫い目穴を合わせてたたむ

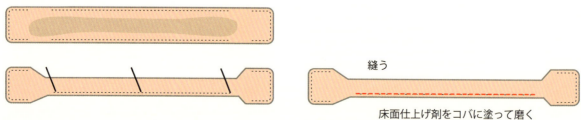

縫う

床面仕上げ剤をコバに塗って磨く

2 本体上面を13mm間隔を開けて、ファスナーを接着し、縫う

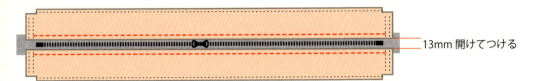

13mm 開けてつける

3 本体上面に本体側面を、縫い目穴を合わせて接着し、縫う

ベロを被せ、縫い目穴を合わせて接着し、縫う

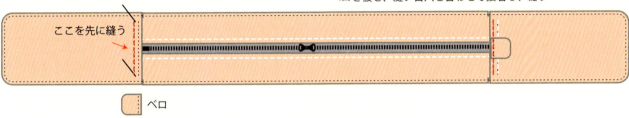

ここを先に縫う

ベロ

4 ポケットフラップにマグネをつける

飾り革を、縫い目穴を合わせて接着し、縫う

縫い上がり

5 ポケットにマグネをつける

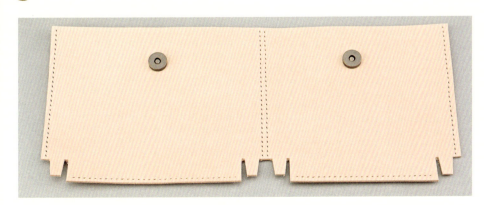

6 ポケットフラップを本体に、縫い目穴を合わせて接着し、縫う

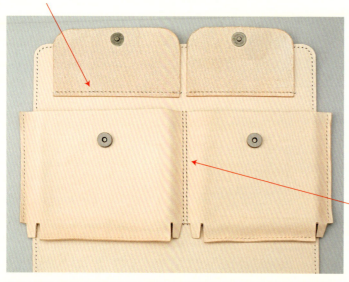

7 ポケットを湿らせる。縫いやすいように マチに合わせて折り、形をつける

8 ポケット中央の2本のステッチを、縫い目穴を合わせ、接着し縫う

9 ポケットをそれぞれ、マチをたたみながら、縫い目穴を合わせ接着し、ずれないように仮止めし、縫う

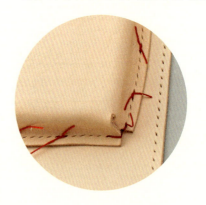

10 持ち手を本体に、縫い目穴を合わせ、接着し、縫う

【本体を作る】

1 本体側面の下部を本体正面に、縫い目穴を合わせ、接着し、ずれないように仮止めする

2 本体側面を本体正面に縫い目穴を合わせ、接着する。ずれないように仮止めし、縫う

3 本体正面側を本体側面に、縫い目穴を合わせ、接着する。ずれないように仮止めし、縫う

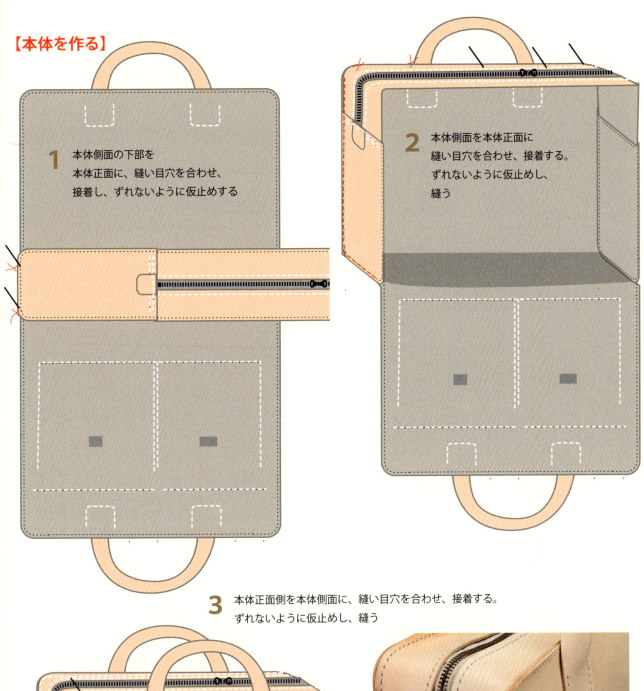

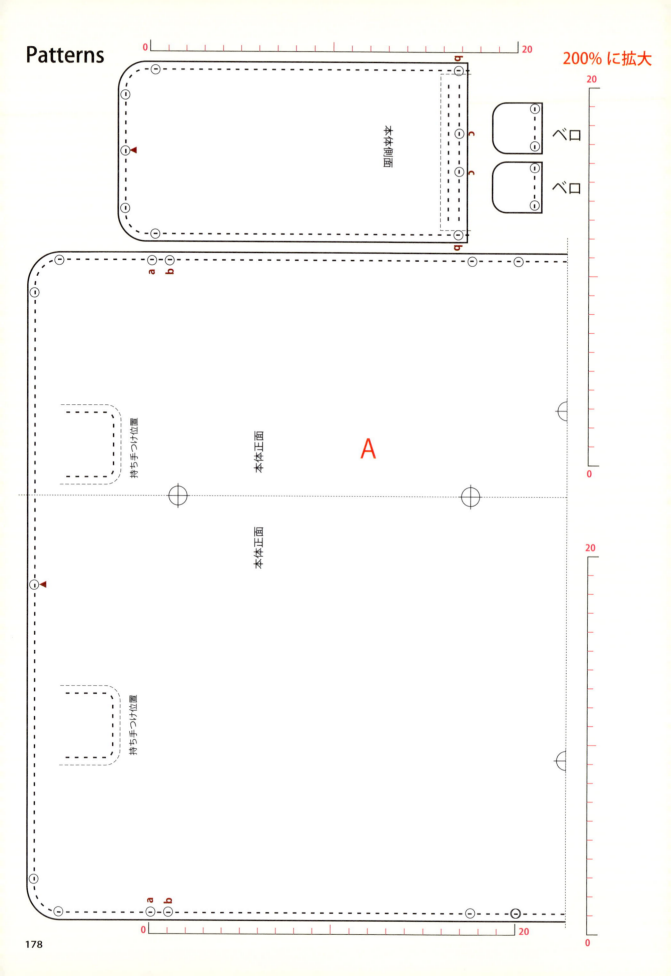

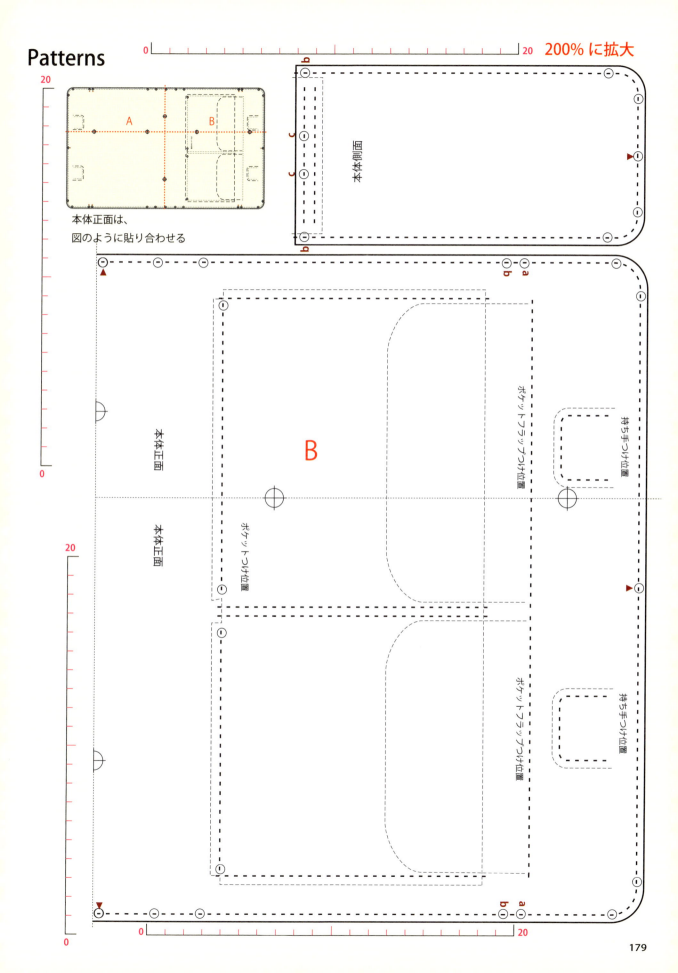

Patterns

200％に拡大

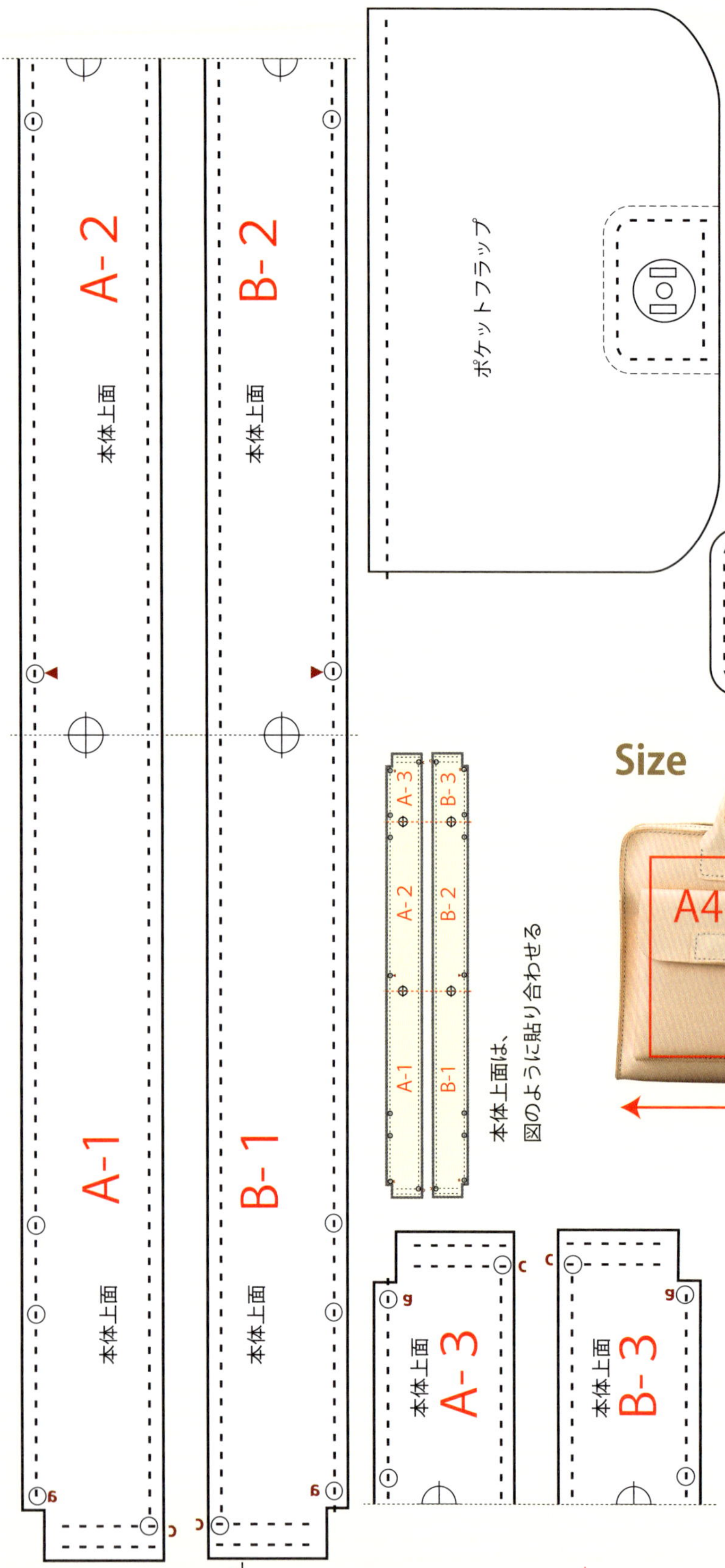
A-2
本体上面
B-2
本体上面
A-1
本体上面
B-1
本体上面
ポケットフラップ
ポケットフラップ
飾り革
飾り革
A-3
A-2
A-1
B-3
B-2
B-1
本体上面は、
図のように貼り合わせる
本体上面
A-3
本体上面
B-3

Size

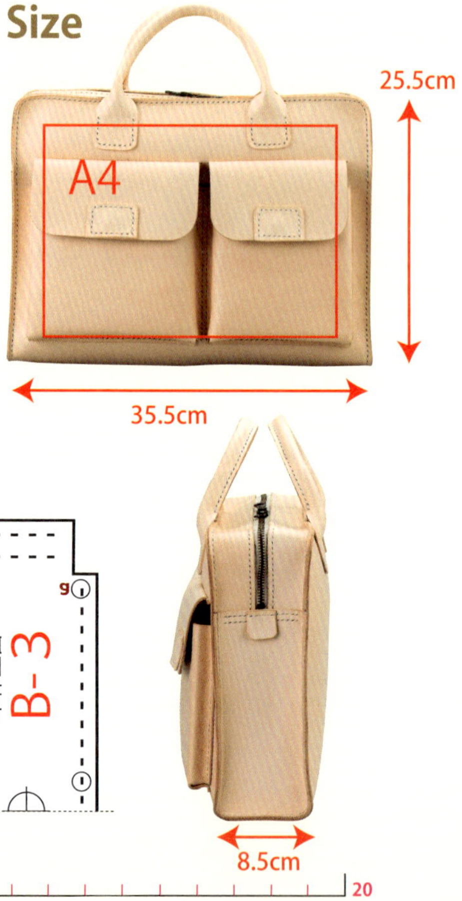
25.5cm
A4
35.5cm
8.5cm

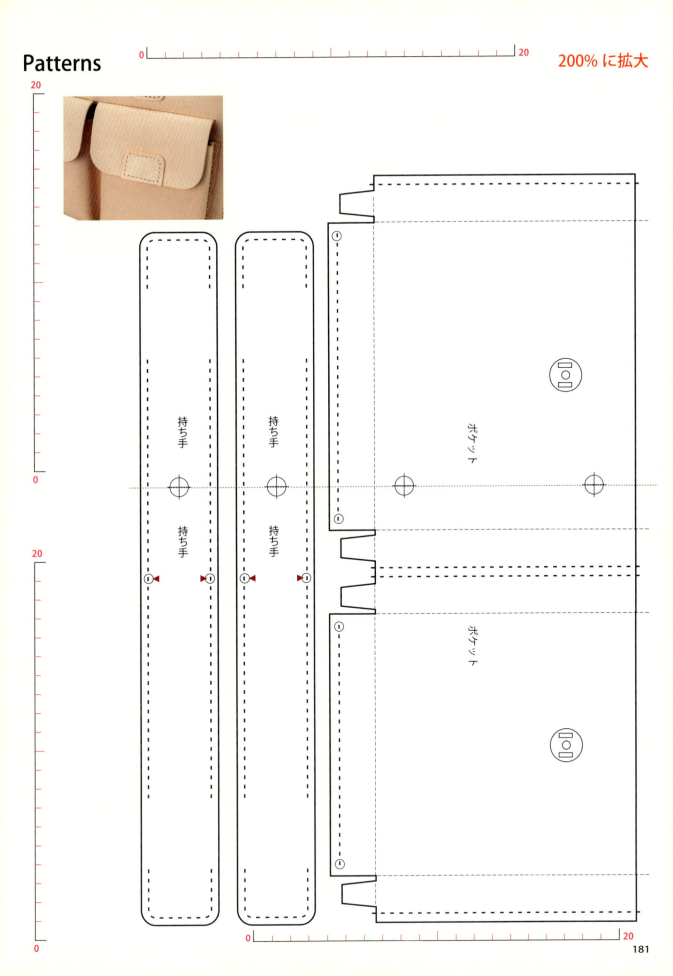

Tanned Leather Bag　No.016
リュック　トートバッグタイプ

Front

Detail

Side

How to make

【革に縫い目穴を入れて裁つ】

- 床面仕上げ剤を、床面と赤線の箇所のコバに塗って磨く
- 型紙の○印の箇所の床面に印をつけておく

```
肩紐の作り方と型紙 p.040〜047
    周囲にステッチを入れています
シンプルな持ち手の作り方 p.040〜043
    2枚仕立てで、周囲にステッチを入れています
バックルベルトの作り方 p.046、047
ギボシをつける p.048
ファスナーをつける p.050、051
立体的な貼り合わせ p.052
3枚以上を一度に縫う p.058
```

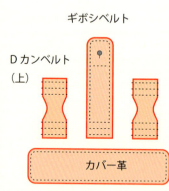
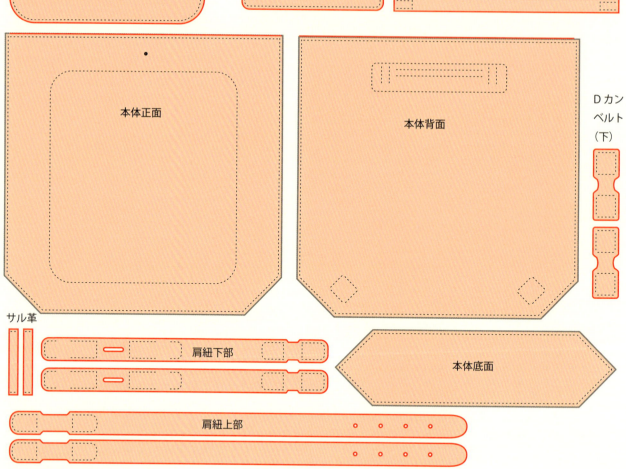

【パーツを作り、本体につける】

1 ポケットにファスナーをつける

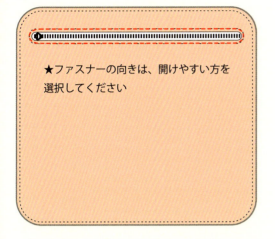

★ファスナーの向きは、開けやすい方を選択してください

ファスナーの縫い上がり

2 本体正面に、上部にギボシをつける。ポケットを縫い目穴を合わせて接着し、縫う

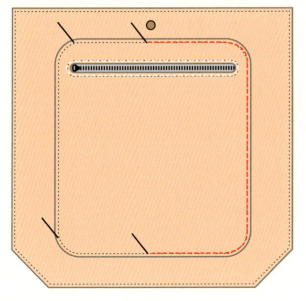

3 上部、下部のDカンベルトを湿らせてDカンを挟み、縫い目穴を合わせて接着する

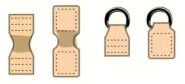

4 本体背面に、ギボシベルト、Dカンベルト、持ち手を縫い目穴を合わせて接着し、縫う

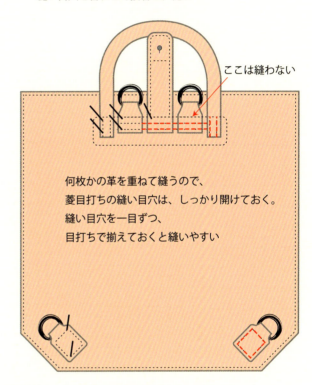

ここは縫わない

何枚かの革を重ねて縫うので、菱目打ちの縫い目穴は、しっかり開けておく。縫い目穴を一目ずつ、目打ちで揃えておくと縫いやすい

5 カバー革を、縫い目穴を合わせて接着し、縫う

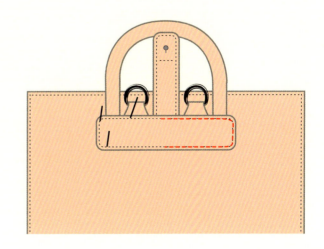

【本体を作る】

1 本体正面と本体背面の間隔を開けてファスナーをつける

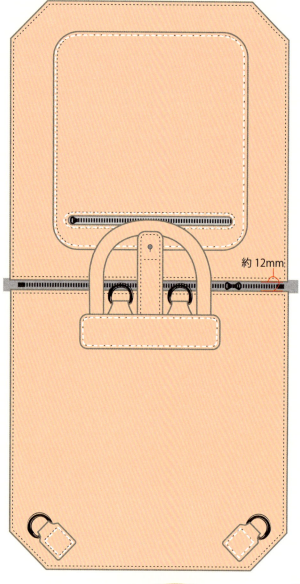

約 12mm

ファスナーの布端は、折り返して接着剤で貼る

2 本体底面を、本体正面と本体背面に縫い目穴を合わせて接着し、ずれないように仮止めして、縫う

底面の革の縫い代部分を軽く湿らせて外側に折り曲げておくと、接着がしやすい

3 本体の側面を、縫い目穴を合わせて接着し、縫う。

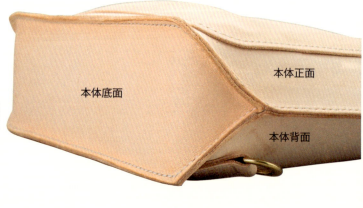

本体底面　本体正面　本体背面

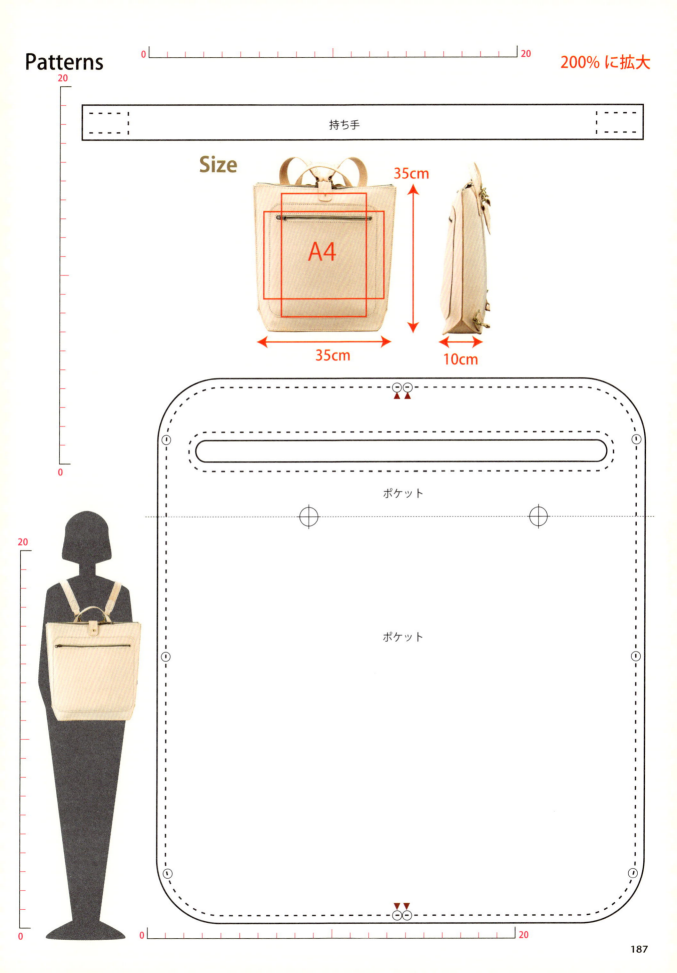

Patterns

200% に拡大

本体正面は、図のように貼り合わせる

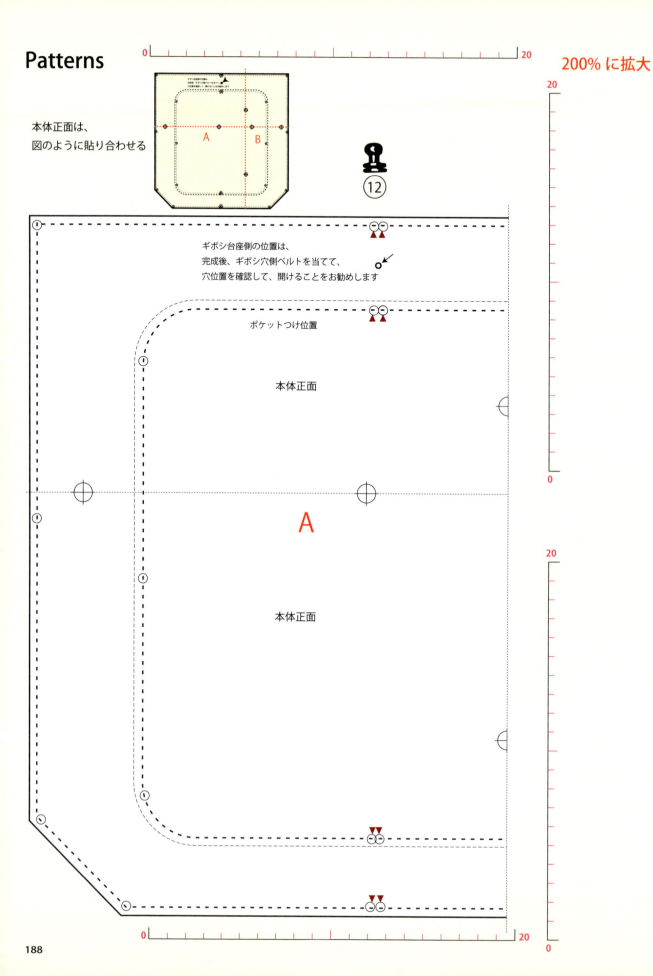

Patterns

200% に拡大

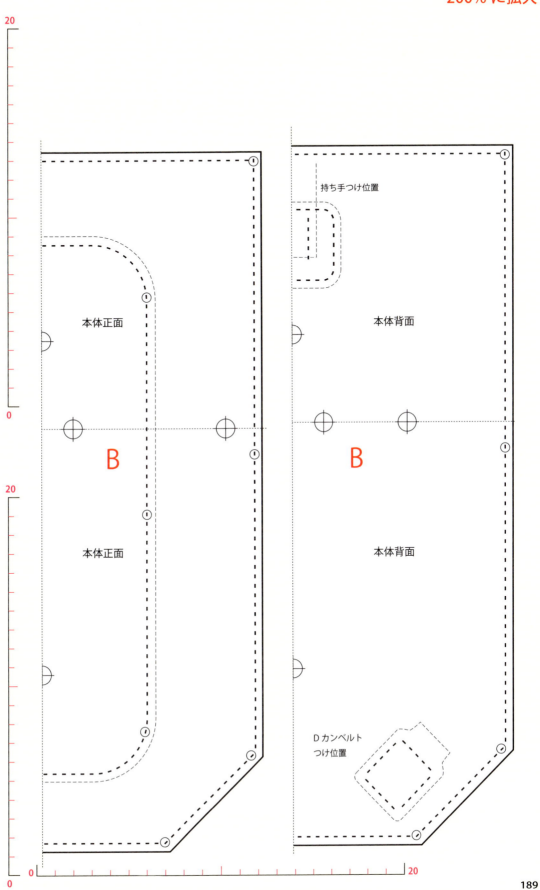

Patterns

200% に拡大

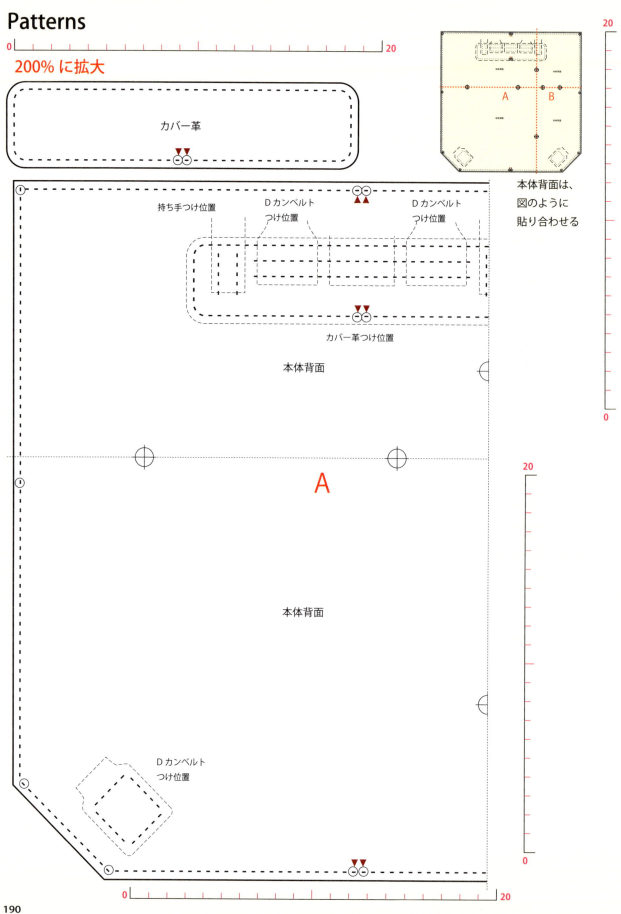

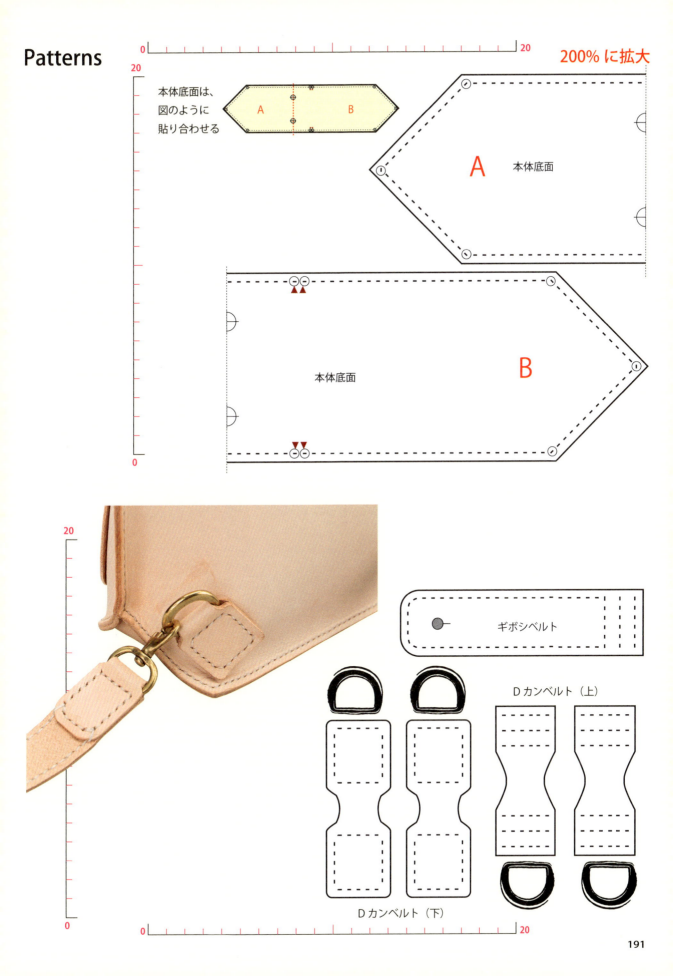

Tanned Leather Bag　No.017
リュック　ランドセルタイプ

How to make
【革に縫い目穴を入れて裁つ】

●床面仕上げ剤を、床面と赤線の箇所のコバに塗って磨く
●型紙の○印の箇所の床面に印をつけておく

肩紐の作り方と型紙 p.040〜047
　周囲にステッチを入れています
シンプルな持ち手の作り方 p.040〜043
　周囲にステッチを入れています
バックルベルトの作り方 p.046、047
立体的な貼り合わせ p.052
3枚以上を一度に縫う p.058

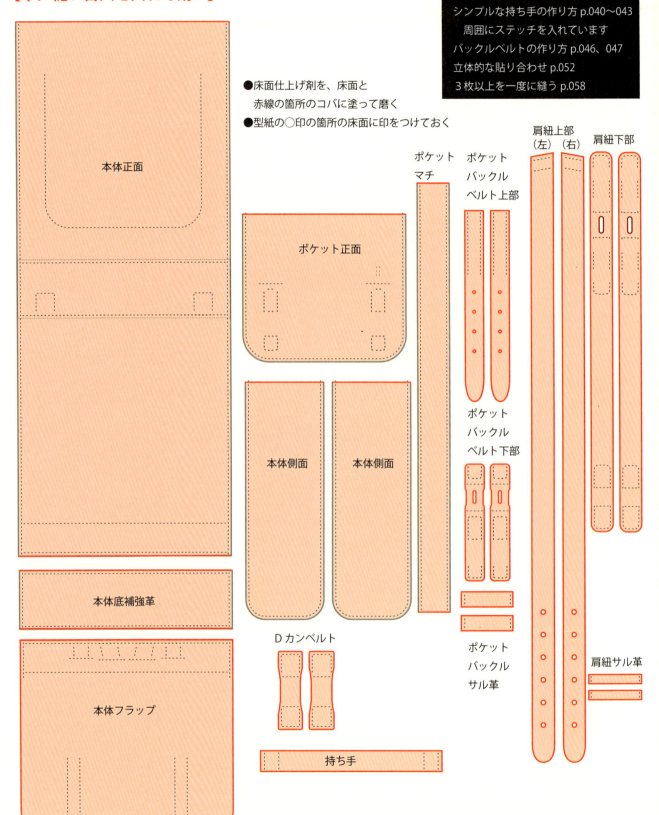

【パーツを作り、本体につける】

1 サル革をたたみ中央を縫う

バックルベルト下部に
バックルと
サル革を通して、
ポケットに
縫い目穴を合わせて
接着し、縫う

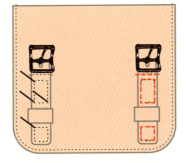

2 ポケットに
マチを付ける。
縫い目穴を合わせて
接着し、
ずれないように
仮止めして、縫う

3 本体にポケットをつける。
縫い目穴を合わせて接着し、
ずれないように仮止めして、縫う

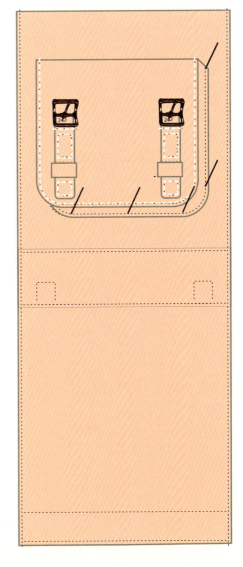

マチの縫い代を湿らせて、
曲げておくと縫いやすい

本体につける前に、マチの縫い代を湿らせて、
曲げておく

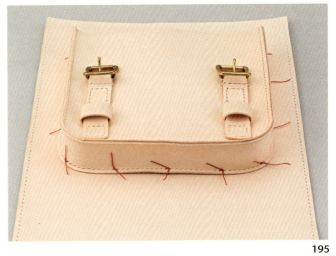

【本体を作る】

4 フラップに持ち手と肩紐上部を重ねて縫い目穴を合わせて接着し、縫う

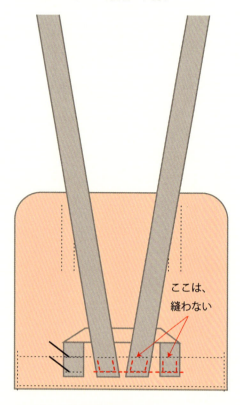

ここは、縫わない

5 フラップに、本体を重ねて縫い目穴を合わせて接着し、ずれないように仮止めして、縫う

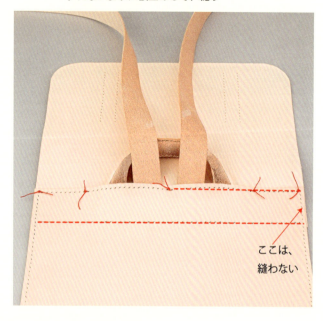

ここは、縫わない

6 Dカンをつける

Dカンベルトを湿らせて、Dカンを通してたたむ。縫い目穴を合わせて接着する

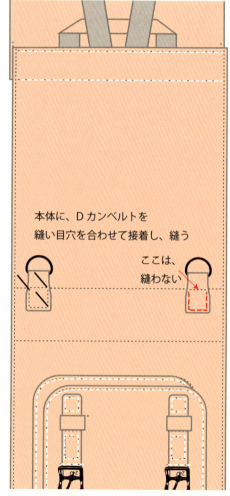

本体に、Dカンベルトを縫い目穴を合わせて接着し、縫う

ここは、縫わない

本体に、本体底補強革を縫い目穴を合わせて接着し、縫う

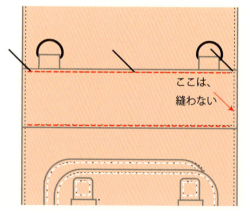

ここは、縫わない

Patterns

200% に拡大

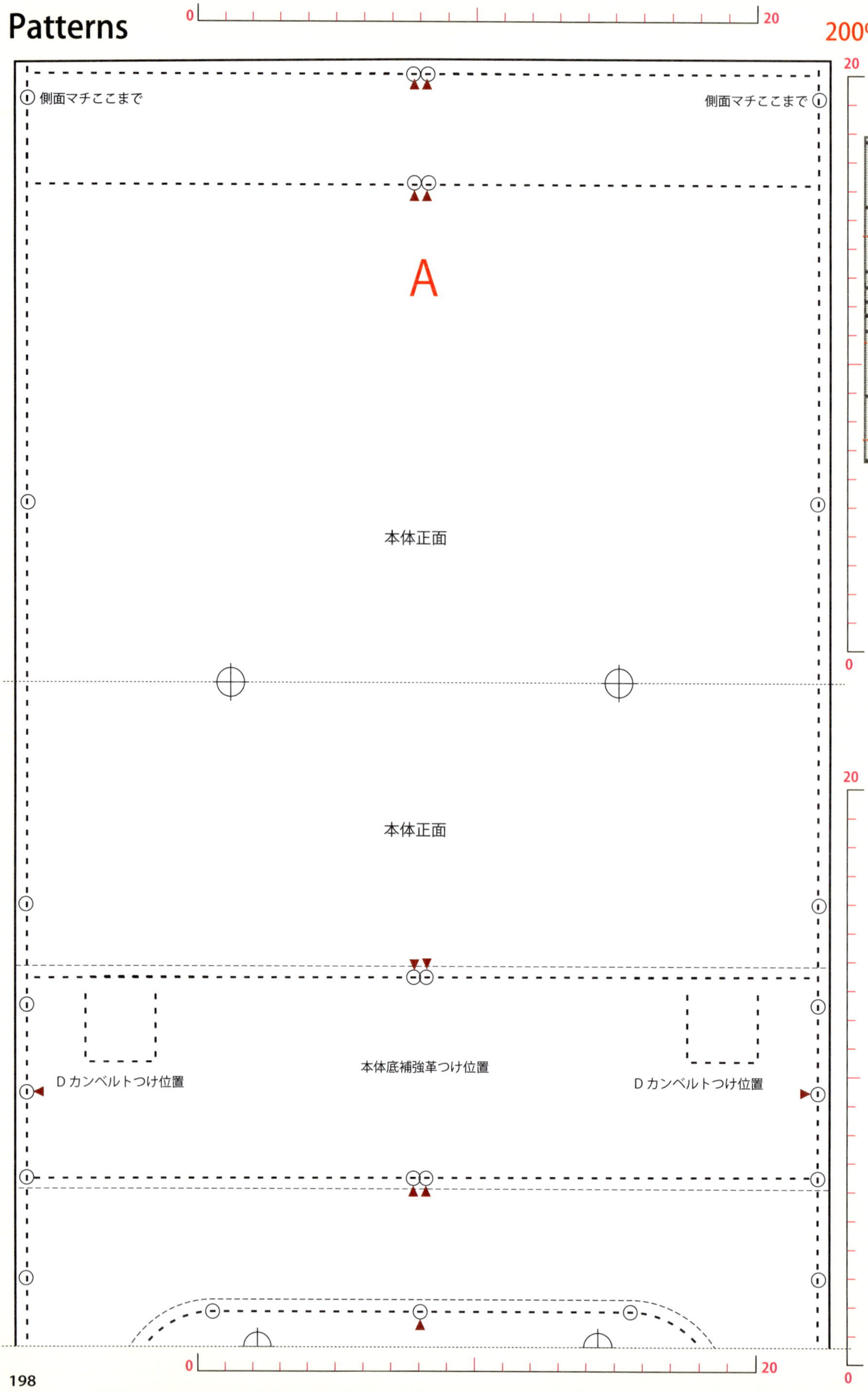

0
20
側面マチここまで
側面マチここまで
A
本体正面
本体正面
本体底補強革つけ位置
Dカンベルトつけ位置
Dカンベルトつけ位置

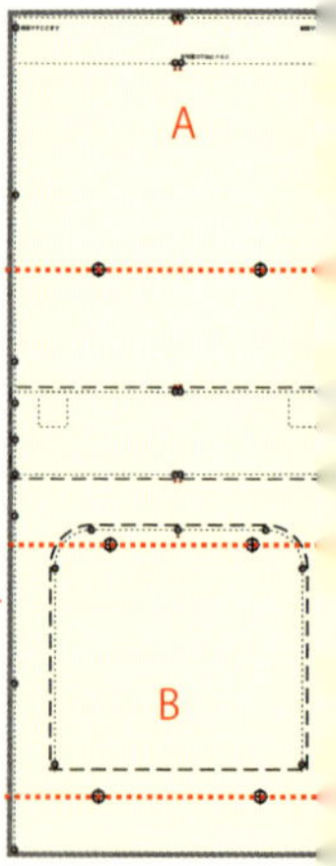

A
B

本体正面は、
図のように
貼り合わせる

Patterns

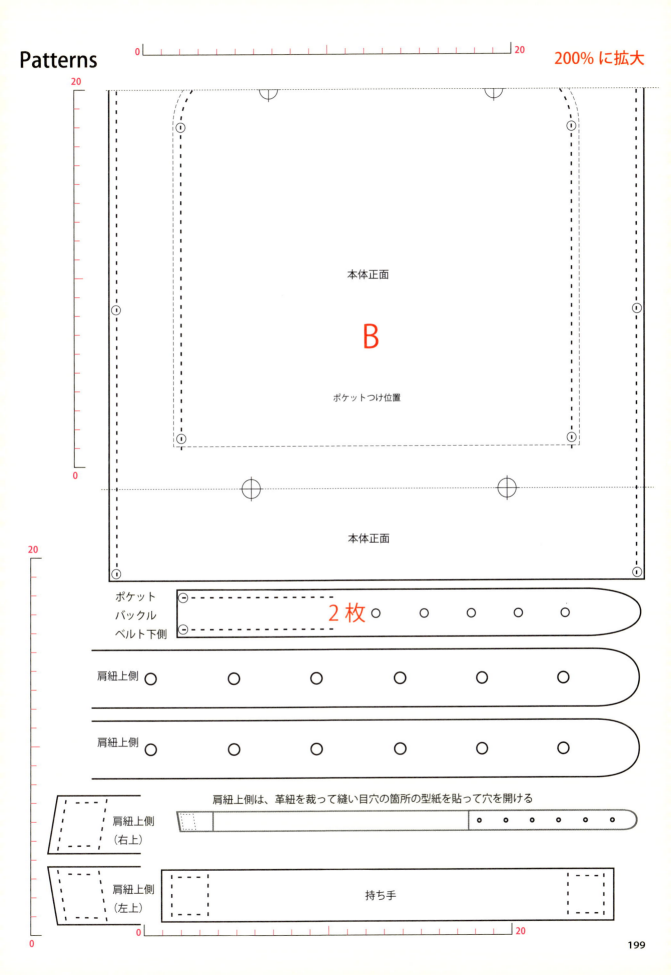

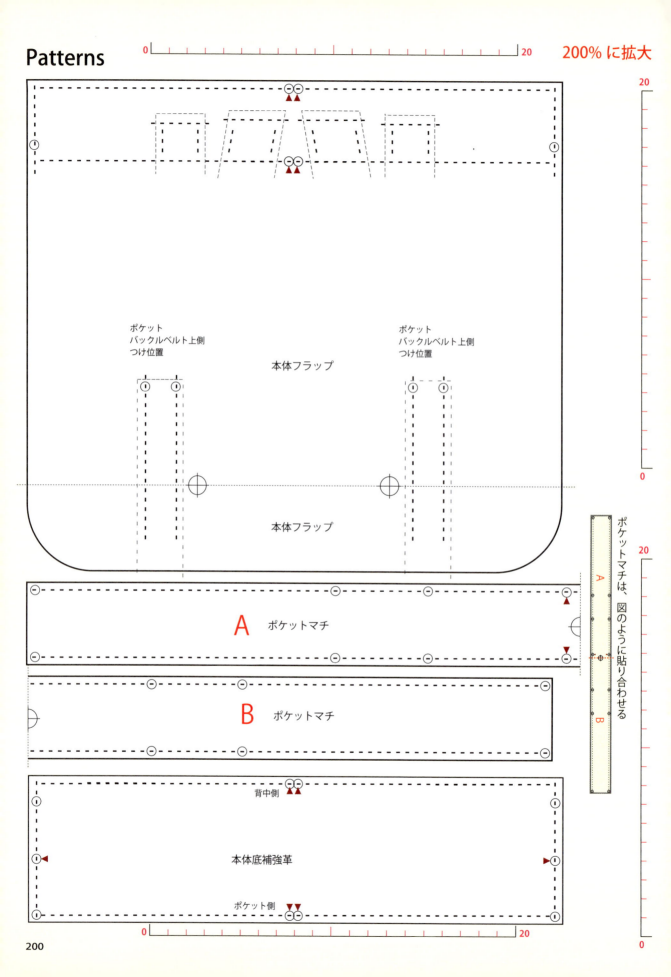

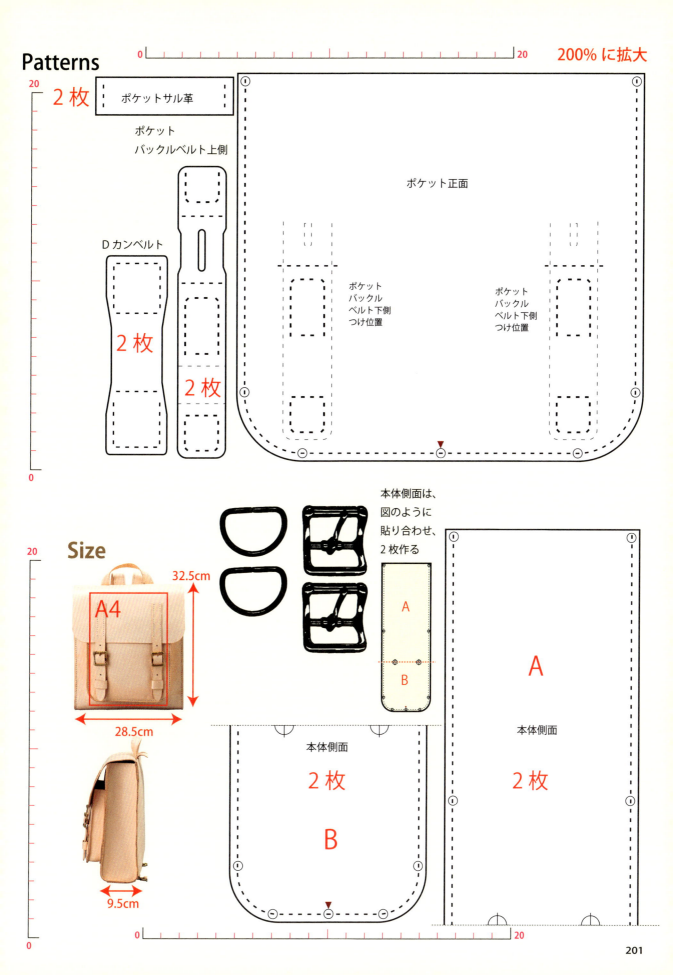

Tanned Leather Bag　No.018
リュック　ブリーフケースタイプ

Front

Side

Back

Detail

How to make
【革に縫い目穴を入れて裁つ】

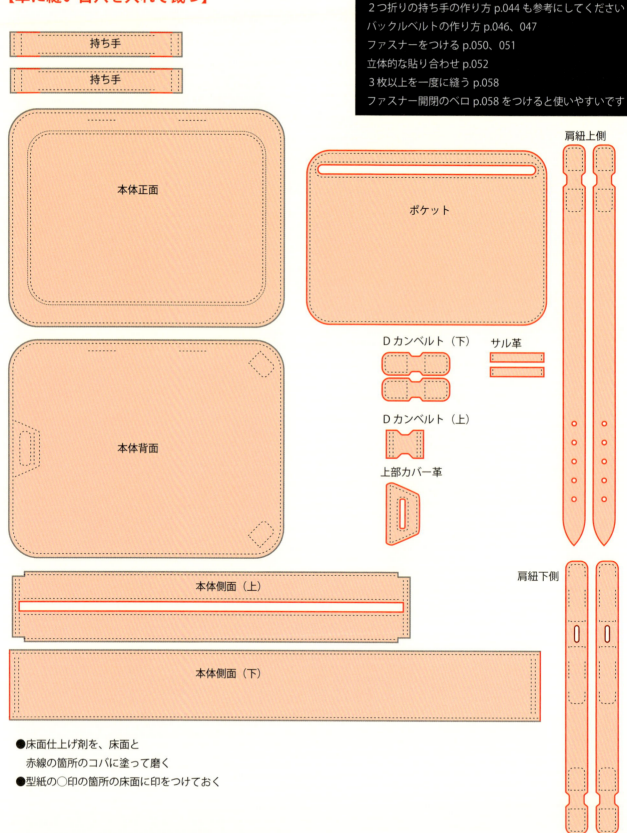

- 床面仕上げ剤を、床面と赤線の箇所のコバに塗って磨く
- 型紙の○印の箇所の床面に印をつけておく

【パーツを作り、本体につける】

1 ポケットにファスナーを接着し、縫う

2 本体正面にポケットを、縫い目穴を合わせて接着し、縫う

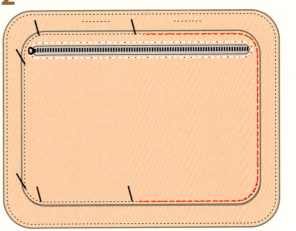

3 Dカンをつける

Dカンベルト（上）と
Dカンベルト（下）を
湿らせて、
Dカンを通してたたむ

本体背面に、縫い目穴を合わせて接着し、縫う

ここは、縫わない

上部カバー革にDカンを通し、縫い目穴を合わせて接着し、縫う

4 持ち手を作る

持ち手を湿らせてたたむ

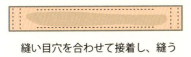

縫い目穴を合わせて接着し、縫う

床面仕上げ剤を塗ってコバを磨く

205

5 本体正面、本体背面の床面側に持ち手をつける。
縫い目穴を合わせて接着し、縫う

ここは縫わない

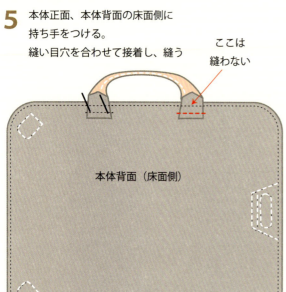

6 本体側面（下）を、本体側面（上）に被せて、縫い目穴を合わせ接着し、縫う

縫い代を湿らせて、外側に曲げる

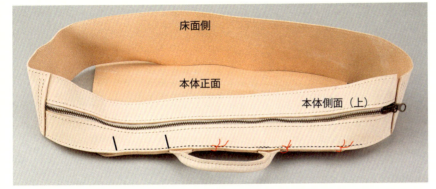

【本体を作る】

1 本体背面に、本体側面）を縫い目穴を合わせ、接着する。中央の印から合わせていくと貼りやすい。
ずれないように仮止めして縫う

2 本体背面を6に被せ、縫い目穴を合わせ、接着する。ずれないように仮止めし、縫う

Patterns

200%に拡大

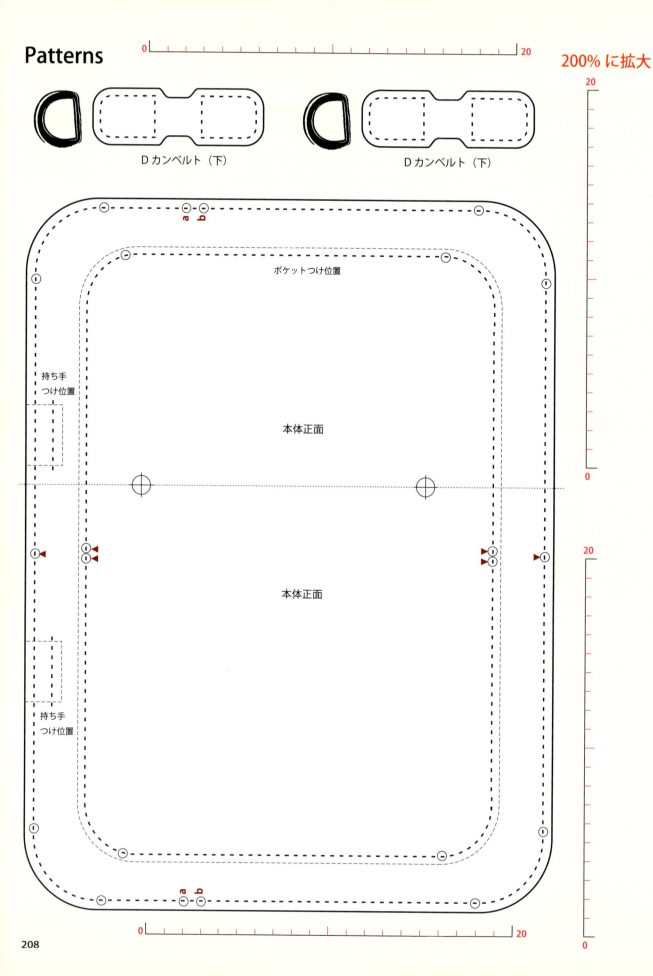

208

Patterns

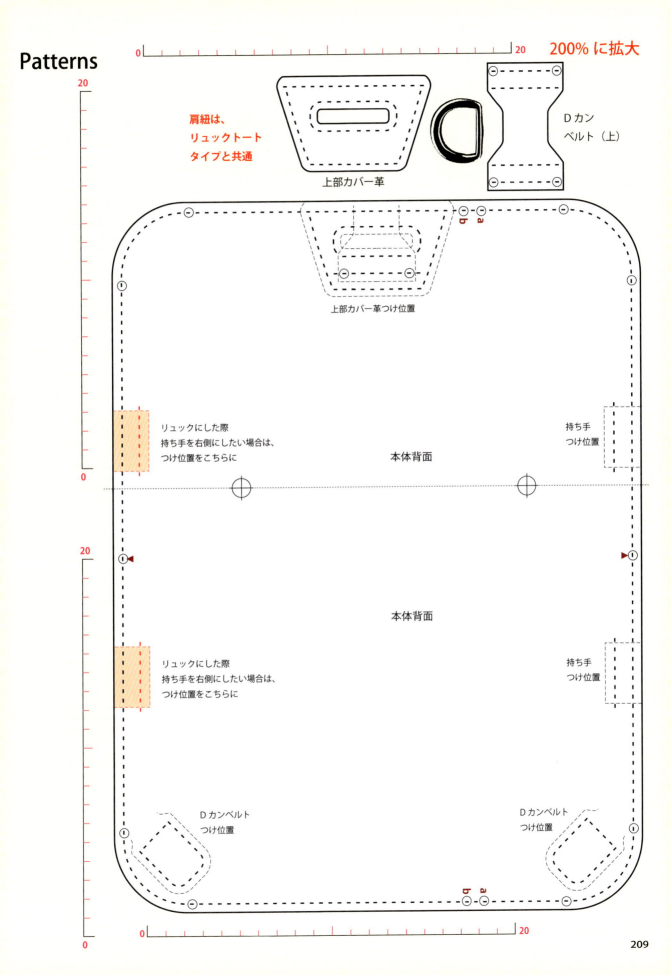

Patterns

200% に拡大

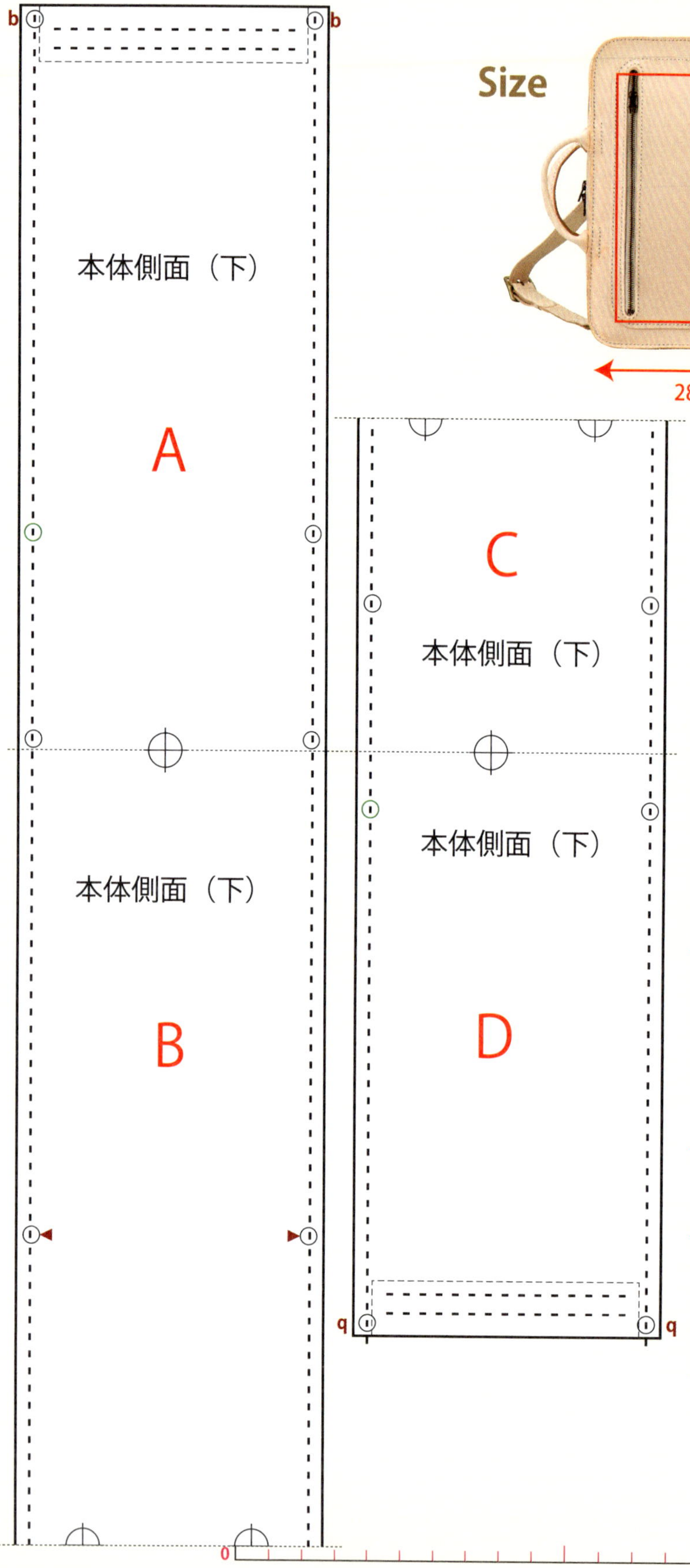
b
b
本体側面（下）
A
本体側面（下）
B
C
本体側面（下）
本体側面（下）
D
q
q

Size

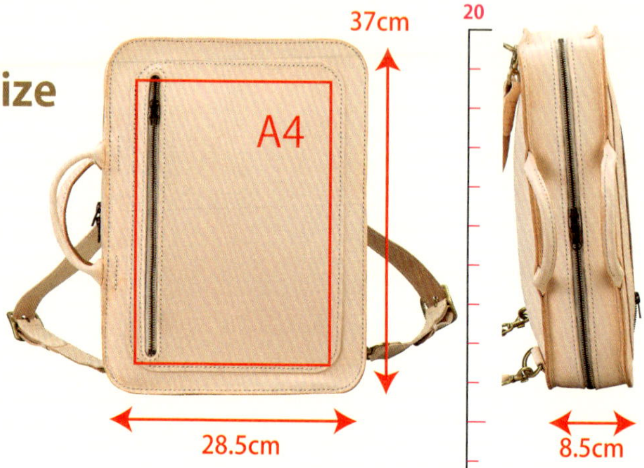
37cm
A4
28.5cm
8.5cm

本体側面（下）は、
図のように
貼り合わせる

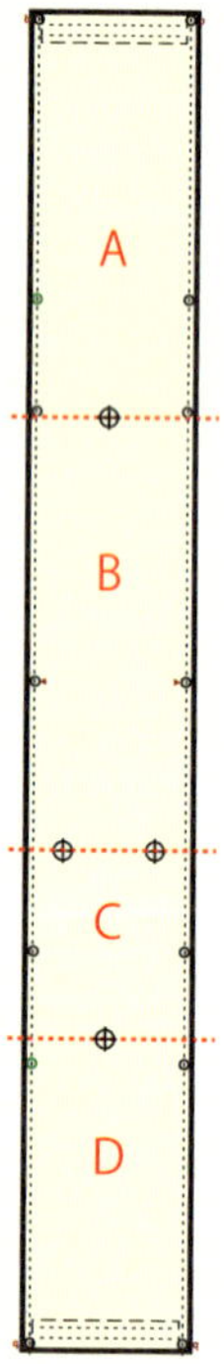
A
B
C
D

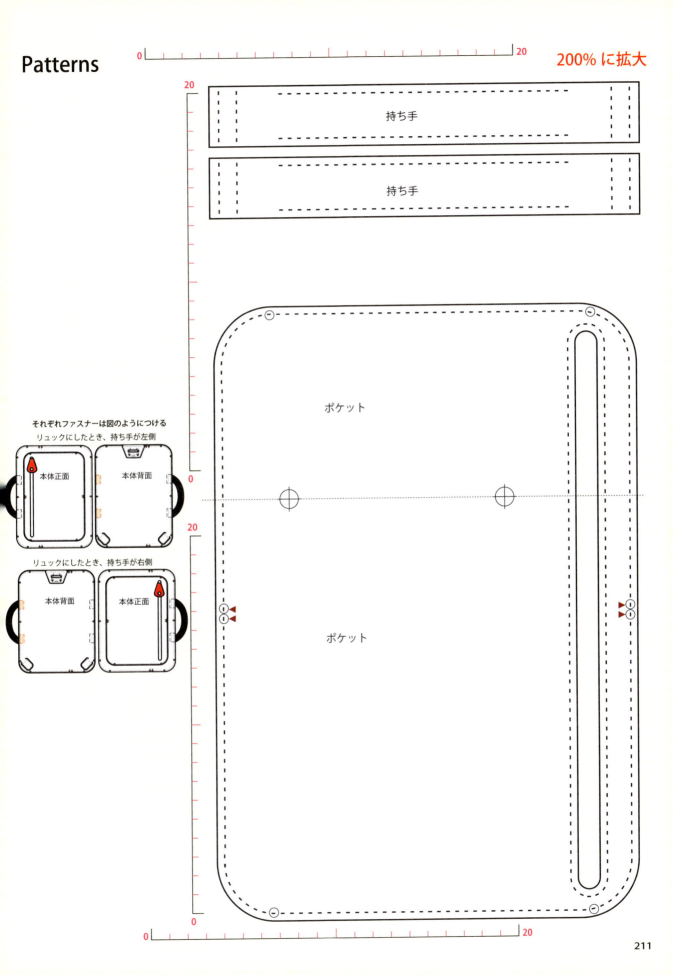

Patterns

200％に拡大

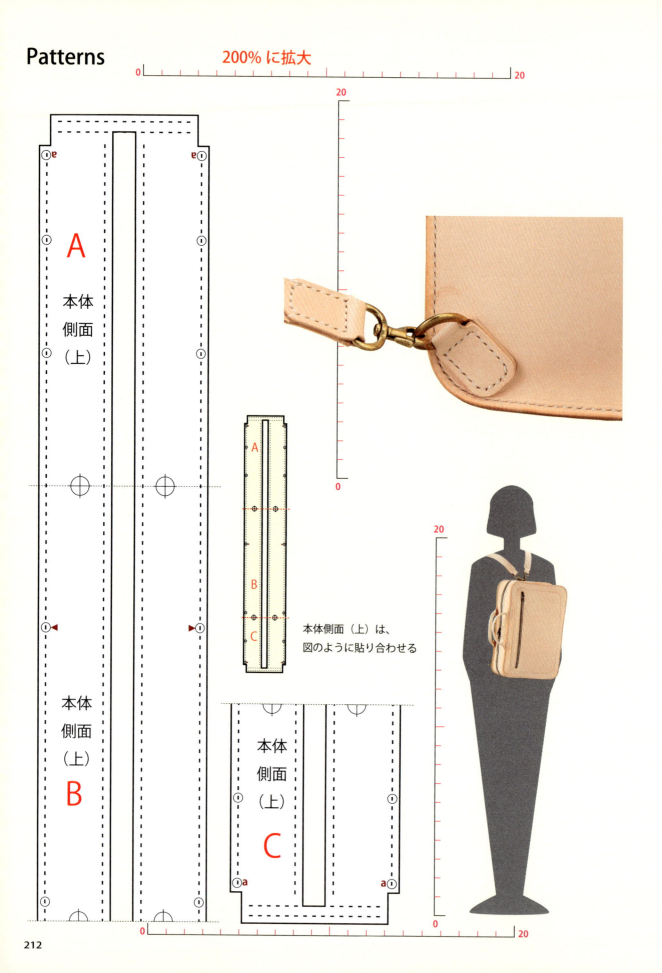

本体側面（上）は、図のように貼り合わせる

Patterns

Leather Store and Workshop
革の店・ワークショップ

革の専門店の店内です。
本書では、牛のヌメ革（タンロー）という、
単一の素材でバッグ制作をしていますが、
同じ型紙、技法で縫える色つきの革もたくさんあり、
同じデザインでも全く違う印象のバッグになったり、
ツートンカラーのバッグを作ることも可能です。

革は、最大で牛半頭分の大きさのものを販売しています。
多種の大きな牛革を、大きなテーブルに広げて
バッグのイメージを頭に浮かべながら革選びをしたり、
持参した型紙を並べて、取り都合を
チェックすることもできます。

金具、床面仕上げ剤、保革クリーム、手縫い糸
といった、制作に必要な材料はほとんど揃います。
ブタ、羊、ヤギ等、牛とは質感の違う、柔らかい革や、
ラメプリントや型押しを施した革まで揃うので、
創作意欲を高めてくれます。

写真上のレトロなマシーンは、
革の型抜き機。花やハートなどの小さなパーツから、
小ぶりのバッグまで、金型さえあれば、
シャープにカットされた革が手に入ります。

革クラフトに詳しいスタッフが常駐していて、
質問や、アドバイスが受けられるのも助かります。

ワークショップでは、ショップ内にあるたくさんの革から選んで、
様々なデザインのバッグ制作が楽しめます。

有限会社 田村光商店　https://www.tamurakou.co.jp
〒111-0024　東京都台東区今戸 2-19-11
TEL. 03-3874-4906 ／ FAX. 03-3874-4988
Mail　tamura-co@jcom.home.ne.jp

215

ピポン：がなはようこ

pigpong（ピポン）
https://www.sigma-pig.com/

ホームページ

インスタグラム

ピポンのお店

ピポン
がなはようこ・辻岡ピギーが主宰する
アート、クラフト作品制作の集団。
商品プランニング、ブックデザイン、イラスト、染色、オブジェ制作、ディスプレイ等において、
オリジナリティあふれる、ユニークな活動を展開している。
【ピポンの主な著書】
『ヌメ革で作る手縫いのバッグ』『ヌメ革クラフト ハンドブック』『フリーハンド・レタリング ガイドブック』
『画用紙でつくる 白い立体切り紙』『まるごと1冊切りぬく文房具』『藍染ガイドブック』グラフィック社
『フェルトのお守り ラッキーチャーム』『ピポンのフェルト・チャーム ワンコ・ニャンコ・インコ 』
『ボールペンで塗り絵「パリの旅」』『作るのカンタン 平らなワンコ服 12か月』文化出版局、
『ボールペンでイラスト』『和の切り紙』飛鳥新社、ほか多数。ぜひ、ホームページをごらんください。
【ピポンのお店】サイト上で、ピポンオリジナルの楽しい犬用雑貨やステーショナリーを販売しています。

監修：有限会社田村光商店

https://www.tamurakou.co.jp

企画営業
渡辺季代子

インスタグラム

撮影：吉崎貴幸

ブックデザイン・イラストレーション：がなはようこ

制作協力：辻岡ピギー・小林光枝：ピポン

鈴木孝子　　浅香恭子：有限会社 田村光商店

協力：黒川久美子・六角久子
校正：株式会社ゼロメガ
編集：山本尚子

縫い目穴入り型紙つき　徹底図解　全18作品

新装版 ヌメ革で作るトートバッグ・リュック・鞄

2025年4月25日　初版第1刷発行

著者　がなはようこ
発行者　津田淳子
発行所　株式会社グラフィック社
〒102-0073
東京都千代田区九段北1-14-17
Tel.03-3263-4318 Fax.03-3263-5297
https://www.graphicsha.co.jp
印刷・製本　TOPPANクロレ株式会社

©2025 YOKO GANAHA
ISBN978-4-7661-4045-3 C2076 Printed in Japan

定価はカバーに表示してあります。

落丁・乱丁本はお取り替え致します。本書の記載内容の一切について無断転載、転写、引用を禁じます。本書のコピー、スキャン、デジタル化等の無断複製は著作権法上の例外を除き禁じられています。本書を代行業者等の第三者に依頼してスキャンやデジタル化することは、たとえ個人や家庭内での利用であっても著作権法上認められておりません。

型紙および制作工程については万全の注意で検証をしておりますが、万が一型紙および製作工程に起因する不具合が生じた場合は弊社までご一報ください。ただし、製作にあたって生じた損害については著者および弊社は一切の責任を負いません。
※本書は、2021年刊行の『ヌメ革で作るトートバッグ・リュック・鞄』を、新装版としたものです。